Dummheit

Heidi Kastner

über morgen

Dummheit

Heidi Kastner

Inhalt

Glück ist etwas,
das in vielen Formen kommt,
und wer kann es erkennen?
Ernest Hemingway, „Der alte Mann und das Meer"

Für Andrea,
mein Glück

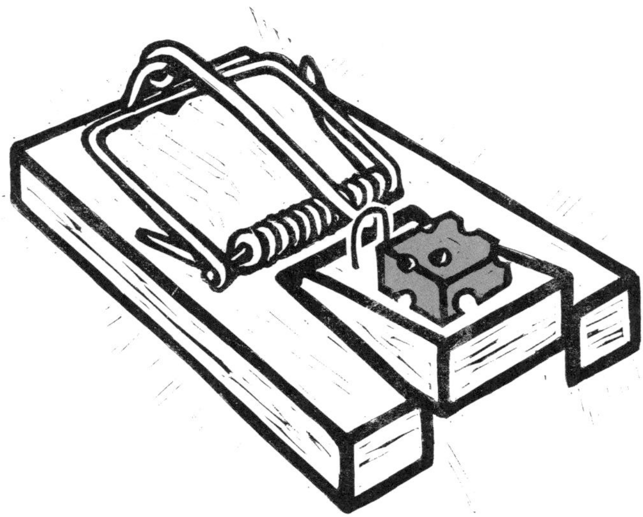

Vorwort

Über die Dummheit zu schreiben ist immer ein prekäres Unterfangen. Praktisch jeder Autor, der sich bisher des Themas angenommen hat, verweist deshalb eingangs auf das von Robert Musil in seinem Wiener Vortrag vom 11.3.1937 so bezeichnete Paradoxon, dass jeder, der sich der Thematik widme, den Eindruck vermittle, die Dummheit erkennen zu können und daher über den Dingen (oder zumindest über den Dummen) zu stehen, wo doch genau diese anmaßende Selbstüberschätzung verdächtig sein müsse, da „jeder, der über Dummheit sprechen oder solchem Gespräch mit Nutzen beiwohnen will, von sich voraussetzen muss, dass er nicht dumm sei; und also zur Schau trägt, dass er sich für klug halte, obwohl es allgemein für ein Zeichen von Dummheit gilt, das zu tun." Saul Bellow hielt überdies die Bereitschaft, auf alle Fragen zu antworten, für ein untrügliches Zeichen von Dummheit.

Die in diesem Buch versammelten Gedanken, Überlegungen, Beobachtungen und, ja, auch Wertungen erheben nicht den Anspruch auf Vollständigkeit oder hehre Wissenschaftlichkeit oder gar Beantwortung aller Fragen; sie sind vielmehr die lückenhafte Beschreibung eines Phänomens, das in der Geschichte der Menschheit schon mehr Schaden angerichtet hat als alle Waffen, Bakterien und Viren gemeinsam und das das Potenzial hat, unseren Untergang zu bewirken.

Sie werden, falls Sie darauf hoffen sollten, Lösungsansätze vermissen, ich kenne keine. Die Dummheit, laut einer häufig zitierten Bemerkung von Albert Einstein noch sicherer unendlich als das Universum, macht bisweilen sprach- und hilflos und hat schon wesentlich Klügere als mich überfordert.

Was bleibt, ist die Resignation; diese blickt auf eine ebenso lange Tradition zurück wie die Dummheit selbst: Schiller gebrauchte 1801 in seiner „Jungfrau von Orléans" das schon damals gängige Sprichwort „Mit der Dummheit kämpfen Götter selbst vergebens".

Abgrenzungen

Auch Dummheit ist etwas, das in vielen Formen kommt, und wer kann sie erkennen?

So unsicher wie die Definition ist schon die Herkunft des Worts, das in der deutschen Sprache seit dem neunten Jahrhundert verwendet wird, um sowohl Törichte als auch Taube zu beschreiben (eine Bedeutungsverschmelzung, die sich auch heute noch, zumindest betreffend Taubheit im übertragenen Sinn, bisweilen aufdrängt).

In unserer Zeit, die sich die Vermessung der Welt zwecks besserer Beherrschung derselben auf die Fahnen geschrieben hat, hat das Bedürfnis, möglichst alles in klare, vergleichbare und vermeintlich untrügliche Zahlen zu fassen, auch vor der Dummheit nicht haltgemacht und uns allerlei Methodik zur Bezifferung der Intelligenz beschert, auf dass wir aus einem solcherart dokumentierten Mangel rechtschaffen und mit fundierter Überzeugung die Dummheit zuschreiben können.

Intelligenz, in Zahlen gegossen

Die ersten, die auf die Idee kamen, spezielle Fähigkeiten, die als Intelligenz bezeichnet wurden, zu vermessen, waren 1905 der Psychologe Alfred Binet und der Arzt Théodore Simon: Die beiden entwickelten erste Verfahren, die sie an Schulkindern anwandten, um deren Intelligenzalter zu bestimmen. Das Unterfangen beruhte auf der seit der Einführung der allgemeinen Schulpflicht in Frankreich 1882 offensichtlichen Tatsache, dass sich manche Kinder schwerer taten als andere, den Lehrstoff zu erfassen, dass also die im Unterricht erforderlichen Fähigkeiten sehr heterogen verteilt waren. Das Ziel war durchaus menschenfreundlich: Die weniger intelligenten Kinder sollten herausgesucht, gezielt gefördert und später wieder in den normalen Schulbetrieb überstellt werden. Was uns heute selbstverständlich erscheint, war damals noch keineswegs allgemeiner Konsens. Weder über die vermeintliche Tatsache, dass Intelligenz überhaupt einen klar definierbaren Sachverhalt bezeichnet, noch über die Gewissheit, dass sich Menschen in Bezug auf dieses konstruierte Merkmal unterscheiden, bestand Einigkeit in der damaligen wissenschaftlichen Welt, das Konstrukt „Intelligenz" war ein relativ neues und in seiner Definition umstrittenes. Der Naturforscher Francis Galton, ein Cousin Darwins, verstand darunter einfache Hirnleistungen wie die Fähigkeit, rasch zu reagieren oder unterschiedliche Sinneseindrücke zu unterscheiden. Binets Konzept war deutlich ambitionierter und umfasste höhere kognitive Funktionen wie Aufmerksamkeit, logisches Ableiten und Urteilsvermögen, also die Fähigkeit, alltägliche Situationen bestmöglich zu bewältigen.

Die Frage war nun, wie man diese Parameter vermessen sollte. In seinem Test bezog sich Binet auf lebensnahe Aufgaben („Wie heißen die Monate? Wozu verwendet man einen Löffel?") und staffelte die Fragen nach Schwierigkeit. Alle Fragen, die von 70 Prozent der Kinder eines Alters gelöst werden konnten, fasste er zu Reihen zusammen. Wenn ein Kind nun alle diese altersentsprechenden Fragen richtig beantworten konnte, waren Lebensalter und Intelligenzalter ident. Löste ein Kind auch Aufgaben der nächsthöheren Reihe, war das Intelligenzalter entsprechend höher.

Was in der Theorie einfach klang, war in der Praxis allerdings etwas komplexer: Idente Intelligenzalter-Unterschiede bezeichneten in unterschiedlichen Altersgruppen nicht idente Entwicklungsbeschleunigungen oder -verzögerungen, d.h. mit zunehmendem Alter relativierte sich ein solcher Unterschied von beispielsweise zwei Jahren zunehmend. Überdies war sich Binet selbst nicht ganz sicher, was genau er da eigentlich vermaß, da die Aufgaben mithilfe sehr unterschiedlicher Fähigkeiten gelöst werden konnten.

Der Psychologe William Stern griff 1912 Binets Verfahren wieder auf und verbesserte es, indem er das Intelligenzalter am Lebensalter relativierte, der Psychologe Lewis M. Terman multiplizierte das Ergebnis mit 100. Stimmten Intelligenz- und Lebensalter überein, kam er mit dieser Methode auf 100, eine Zahl, die uns auch heute als Durchschnitts-IQ bekannt ist.

Die Ursprünge der Intelligenzmessung lagen also in der Untersuchung von Kindern und ließen sich nicht so ohne Weiteres auf Erwachsene übertragen. Selbst dem messwütigsten Untersucher war klar, dass die mit dem Alter fortschreitende Differenzierung von Wissen und Fähigkeiten den Vergleich aller auf Basis von Wissensabfrage verunmöglichte, dass also ein Bauer über ganz andere Kenntnisse und Fertigkeiten verfügt als ein Atomphysiker und dass beide im jeweils anderen Beruf heillos überfordert wären, ohne deshalb als minder intelligent gelten zu müssen. 1930 wurde dieses Problem der Psychometrie von David Wechsler in einer heute noch gültigen Form gelöst. Wechsler, ein amerikanischer Psychologe rumänischer Abstammung (der eine psychoanalytische Ausbildung bei Anna Freud absolvierte), stellte bei der Untersuchung von Army-Rekruten fest, dass die gültige Intelligenz-Definition sehr zu hinterfragen war: Männer, die im Test erbärmlich schlechte Ergebnisse ablieferten, hatten keinerlei Probleme, ihr alltägliches Leben selbstbestimmt zu bewältigen. Wechsler kam daher zum Schluss, dass der Begriff Intelligenz deutlich weiter gefasst werden musste und wohl auch nicht ausschließlich intellektuelle Anteile einer Person beinhalten sollte. Er definierte Intelligenz als „die zusammengesetzte oder globale Fähigkeit des Individuums, zweckvoll zu handeln, vernünftig zu denken und sich mit seiner Umgebung wirkungsvoll auseinanderzusetzen".

Natürlich kann man auch diese aus vielen definitionsoffenen Begriffen zusammengesetzte Beschreibung hinterfragen: Zweckvoll für wen? Für den Betroffenen im Hier und Jetzt oder für eine größere Gruppe in näherer oder weiterer Zukunft? Und zu welchem Zweck? Was ist „vernünftig"? Was mir finanziell nützt? Was mir ohne finanziellen Vorteil Erfahrungen ermöglicht? Was mir finanzielle Nachteile bringt, aber mein Ansehen vermehrt? Und wie setze ich mich mit meiner Umgebung wirkungsvoll auseinander? Fraglos kann man auch das Entleeren von Altöl in irgendeinen Abwasserkanal als wirkungsvoll ansehen, es kann für mich sogar zweckvoll sein, indem ich mich einer unbrauchbaren Substanz entledige, es kann mir vernünftig erscheinen, weil es mir weitere Wege oder gar Kosten spart, aber würden wir das als intelligente Handlung bezeichnen wollen?

Wechsler jedenfalls entwickelte einen Fragenkatalog, der unterschiedliche Fähigkeiten abprüfte und auch praktische Aufgaben umfasste, um das Übergewicht des verbalen Teils zu relativieren, und wandte ihn an einer großen Gruppe als Normierungsstichprobe an. Im Ergebnis zeigte sich die typische glockenartige Verteilung der Gauß'schen Verteilungskurve. Derjenige Wert, der am häufigsten gemessen wurde, wurde als „100" definiert, alles darüber oder darunter war (bei einer Schwankungsbreite von +/- 15) also ein Ergebnis über oder unter der solcherart definierten Norm.

Da sich die auf diese Weise zugeschriebene Intelligenz an den in einer größeren Gruppe von Menschen vorhandenen Fähigkeiten orientiert, da sich der „Durchschnitts-IQ" also nach der in dieser Gruppe herrschenden Norm richtet, müssen Intelligenztests alle acht Jahre neu normiert werden. Mittlerweile existieren zahlreiche auf dem von Wechsler entwickelten Schema beruhende Testverfahren mit teilweise leicht unterschiedlichen Schwerpunkten, das Ergebnis bezieht sich also immer auf den angewandten Test. Bis heute existiert keine wissenschaftlich anerkannte, eindeutige Definition der Intelligenz.

Bis in die 1990er-Jahre zeigte sich in der westlich orientierten Welt eine ständige Steigerung des IQ, wobei die Ursachen dieses „Flynn-Effekts“ nicht geklärt sind. Angenommen wurde, dass die verbesserte Schulbildung und die durch Massenmedien verfügbare Zunahme an Information dafür verantwortlich waren – gerade Letzteres darf heute mit Fug und Recht auch bezweifelt werden.

Formen der Intelligenzminderung

Beruhend auf der nun einigermaßen zufriedenstellenden Zuschreibung von mehr oder weniger Intelligenz wurde folgerichtig auch deren Gegenteil definiert, das im Lauf der Zeit unterschiedlich benannt wurde. Von der dahinterstehenden Vorstellung her ist der Begriff des „Schwachsinns“ leicht nachvollziehbar, heute aber aufgrund der abwertenden Konnotation und der allenthalben zelebrierten „political correctness“ des Sprachgebrauchs (die von Doris Lessing als die „direct continuation of the party line“, also die zeitgemäße Fortsetzung diktatorisch-politisch motivierter Sprachverbote, bezeichnet wurde) genauso verpönt wie die Geistesschwäche, die Idiotie oder die Dummheit.

Lange Zeit stritt man sich in Fachkreisen herum, ob die Dummheit Voraussetzung oder Folge psychischer Erkrankungen sei oder ob die Intelligenzstörung als Prinzipienfrage zu behandeln wäre. Manche erblickten ihren Ausgangspunkt im Auftreten von Wahnideen mit derart verquerer Logik, wie sie ein gesundes, mit allen üblichen Fähigkeiten ausgestattetes Gehirn wohl unmöglich ersinnen konnte (der Mensch wurde also wahnsinnig und erst dadurch dumm), andere, wie der Psychiater Theodor Kirchhoff Ende des 19. Jahrhunderts (Lehrbuch der Psychiatrie, 1892), sahen den Schwachsinn als unabdingbare Voraussetzung solcher Phänomene (der Mensch war also schwach-sinnig und entwickelte deshalb wahn-sinnige Ideen): Der Psychiater Eduard Hitzig schrieb 1895 dazu: „Die beim Querulanten beherrschende Wahnvorstellung, rechtlich benachteiligt zu sein, kann Folgen wie den eigenen Ruin natürlich nur nach sich ziehen, wenn ein gewisser Schwachsinn zugrunde liegt, der eine vorurteilslose Abwägung der Verhältnisse unmöglich macht. [...] Wenn in der Anstalt die reizbare Stimmung zurücktritt, ist man oft ganz überrascht über den jetzt harmlos vorgebrachten Grad von Urteilsschwäche, mit dem aus dem vermeintlich erlittenen Unrecht maßlose Ansprüche abgeleitet werden; mit Forderungen von Millionen, zusammengerechnet aus den verjährten und verzinsten Ansprüchen, ist die geistige Leistungsfähigkeit beendet." (Eduard Hitzig, Über den Querulantenwahnsinn)

Die diagnostischen Kriterien der Psychiatrie benennen unterschiedliche Formen von Intelligenzminderung, die anhand des messbaren IQ definiert werden.

Die umfassendste Ausprägung wird von der WHO, die eines von zwei weltweit gültigen Diagnosemanualen (ICD-10) herausgibt, als „schwere Intelligenzminderung“ benannt, wobei (falls überhaupt noch messbar) der IQ hier unter 34 liegt. Klinisch handelt es sich um schwer beeinträchtigte Menschen mit ausgeprägten Störungen der Bewegungsabläufe, die kaum je Sprache erwerben und wenn, dann über Laute, die zur Mitteilung der Basisbedürfnisse genutzt werden, kommunizieren. Die Ursachen liegen oft in einer mit apparativen Methoden feststellbaren angeborenen Schädigung der Hirnsubstanz, die zumeist auf intrauterinen Erkrankungen oder auf genetischen Normabweichungen beruht; ein identes klinisches Bild kann sich auch nach schweren Schädel-Hirn-Verletzungen im späteren Leben oder bei fortgeschrittener Demenz einstellen, sodass wohl nicht primär nur die Intelligenz, sondern die dafür erforderliche „hardware“ als funktionsbeeinträchtigt anzusehen ist.

Die „mittelgradige Intelligenzminderung“ beruht auf analogen Ursachen, der IQ liegt zwischen 35 und 49. Die Betroffenen benötigen lebenslang Unterstützung in allen alltäglichen Belangen, bei ausreichender Beaufsichtigung und Anleitung können sie einfachen, gut strukturierten, meist repetitiven Tätigkeiten nachgehen, der Spracherwerb ist verzögert, die motorischen Fähigkeiten hingegen sind meist unbeeinträchtigt. Im Diagnosemanual der WHO wird explizit darauf verwiesen, dass bei der Mehrzahl eine soziale Entwicklung stattfindet, dass sie mit anderen Kontakt aufnehmen, kommunizieren und an einfachen sozialen Aktivitäten teilnehmen.

Die „leichte Intelligenzminderung“ als geringste Ausprägung diagnosewertiger intellektueller Defizite beginnt bei einem IQ unter 70, wobei die WHO sich offensichtlich der Problematik der Intelligenzdefinition bewusst ist. Voraussetzung einer entsprechenden Diagnose ist demnach eine umfassende Einschätzung der Fähigkeiten bzw. eine erschwerte Anpassung an die Anforderungen des alltäglichen Lebens und nicht eine spezifische Beeinträchtigung. Nach IQ-Kriterien leicht Intelligenzgeminderte erlangen in der Regel Unabhängigkeit in der Selbstversorgung und in praktischen und häuslichen Tätigkeiten, werden aber häufig im Rahmen der Beschulung auffällig, indem ihr Lerntempo langsamer ist als normalerweise üblich. In einem soziokulturellen Umfeld, in dem wenig Wert auf schulische Ausbildung gelegt wird, stellt dieser Zustand üblicherweise kein Problem dar, es sei denn, dass noch andere in der Persönlichkeitsstruktur verankerte Auffälligkeiten vorliegen.

Säulen der Dummheit

In meiner langjährigen Tätigkeit als Gerichtssachverständige war ich immer wieder mit definitionsgemäß leicht intelligenzgeminderten Menschen konfrontiert, die irgendwelche Straftaten begangen hatten. Bei keinem einzigen von ihnen war die Intelligenz das zentrale Problem, meist waren ganz banale, alltägliche Beweggründe wie Gier, Wichtigtuerei oder die Unwilligkeit, Grenzen zu akzeptieren, ausschlaggebend dafür, dass sie mit dem Gericht in Kontakt kamen.

Die 40-jährige Frau S., die nach Geburtskomplikationen eine Entwicklungsverzögerung gezeigt hatte und nach dem frühen Tod ihres Vaters als Einzelkind bei ihrer Mutter aufgewachsen war, wurde von dieser in gänzlich unrealistischer Weise idealisiert und hervorgehoben, wobei die im sonstigen Leben unauffällige Mutter ihrer Tochter laufend vermittelte, dass sie ein Genie sei, aber leider von allen (je nach Alter Lehrer oder Arbeitgeber) völlig verkannt werde, weshalb ihr im Leben der zustehende Erfolg versagt bleibe. Als die schon sehr betagte Mutter ins Krankenhaus gebracht wurde und die Tochter, auch für andere offensichtlich, mit den plötzlich anstehenden und alleine zu bewältigenden Aufgaben des Haushalts überfordert war, wurde sie vorübergehend in einer Betreuungseinrichtung untergebracht. Dort gefiel es ihr gar nicht, und schon überhaupt nicht gefiel ihr die Tatsache, dass sie nun mit „Behinderten" in einem Haus lebte und von den Betreuern immer wieder darauf hingewiesen wurde, ihr abwertendes Verhalten gegenüber den anderen Mitbewohnern einzustellen, die eben „auch" diverse Defizite hätten. Frau S. wollte weg und kontaktierte ihre Mutter, wobei sie beileibe nicht die wahren Gründe ihrer Unzufriedenheit berichtete, sondern mit beachtlicher Überlegung und Taktik von einem Missbrauch erzählte, der in der Einrichtung laufend an ihr begangen werde.

Die Mutter setzte alle Hebel in Bewegung, ihre Tochter zu retten, und erstattete umgehend Anzeige, der benannte Betreuer wurde als Beschuldigter geführt. Erst in der Zeugenvernehmung wurden Ungereimt-

heiten und Unmöglichkeiten im Bericht offensichtlich, weshalb Frau S. auch relativ rasch den Sachverhalt richtigstellte.

Bei der Begutachtung beklagte die von sich und ihren Fähigkeiten sehr überzeugte und ziemlich empathiebefreite Frau S., dass nun gegen sie ein Verfahren wegen Verleumdung eingeleitet wurde, was eine riesige Sauerei sei, weil ja gar niemandem etwas passiert sei, und berichtete von ihren Plänen, ihre gesammelten Lebenserfahrungen in Buchform zu veröffentlichen. Falls man Erfahrung als erfolgreiches Lernen am Erlebten definiert, müsste es sich freilich um ein eher dünnes Buch handeln, wobei Frau S. ja durchaus in der Lage war, Informationen aufzunehmen, schlussfolgernd zu denken und ihre Handlungen entsprechend zu planen, aber eben nur dort, wo diese Informationen nicht mit ihrem Selbstbild unvorteilhaft kollidierten.

Herr M. wollte unbedingt ein Auto besitzen, und zwar nicht irgendeines, sondern eines, das wesentlich teurer und schöner war als das des Nachbarn, der immer wieder so provokant vor M.s Wohnhaus parkte, nur um ihm seinen autolosen Zustand vor Augen zu führen. Dass er schon mehrmals an der Führerscheinprüfung gescheitert war, spielte in seinen Überlegungen keine Rolle, man musste ja nicht fahren, es reichte, wenn man das Auto einfach herzeigen konnte. Die Wünsche scheiterten bisher immer an den finanziellen Mitteln, Besserung war diesbezüglich nicht in Aussicht, als Herr M. Herrn A. kennenlernte, der ihm einen genialen Plan unterbreitete: Herr A. würde die nötigen Papiere fälschen und Herr M. würde damit zu diversen Banken gehen und einen Kredit beantragen, die Rückzahlung könnte ja nie eingefordert werden, da die Personen in den gefälschten Papieren nicht existierten. Den ergaunerten Betrag könnte man sich teilen, immerhin waren Idee und Papiere von A. und die Durchführung von M.

Herr M. war begeistert, Herr A. besorgte die Papiere, Herr M. besuchte mehrere Banken und schaffte es tatsächlich, zwei Kredite zu bekommen. Als er freudestrahlend A. aufsuchte und ihm das Geld zeigte, endete die Freude sehr plötzlich mit einer größeren Beule an M.s Kopf und einem verschwundenen A., was M. für eine derartige Schweinerei hielt, dass er in seiner Wut umgehend die Polizei aufsuchte und die Geschichte erzählte. Bei der Verhandlung war er geläutert und nur mehr auf sich selbst wütend, denn, so seine späte Erkenntnis, wenn er nicht selbst zur Polizei gegangen wäre, säße er jetzt nicht hier. Auch Herr M. war trotz seiner vermessenen Minderbegabung offensichtlich fähig zu schlussfolgerndem Denken (wenn auch mit einiger Latenz, die den heftigen Emotionen geschuldet war), Triebfeder waren simple Gier und Neid oder, an-

ders formuliert, ein Mangel an Willen, sich mit dem, was er hatte, zu bescheiden.

In der Motivation unterschied er sich da nicht wesentlich von dem Unternehmerehepaar, das einigen vazierenden Betrügern große Bargeldsummen überließ, weil die behaupteten, das Geld über Nacht mithilfe einer geheimen Flüssigkeit vermehren zu können. Die Firma der beiden war durchaus erfolgreich und die Lage keineswegs existenzbedrohlich, vor dem dubiosen Geschäft aber finanziell deutlich besser abgesichert.

Obwohl die hier beschriebenen Personen intellektuell sehr unterschiedlich ausgestattet waren, handelten sie auf sehr ähnliche Weise „dumm". Forrest Gump, diese moderne Version des einfältigen Parzival, der auf der Suche nach seinem Gral durch sämtliche weltpolitischen Ereignisse seiner Zeit stolpert, ohne sich im Geringsten beeindruckt zu zeigen, der aber immer weiß, was er will und dabei auch immer auf seinen moralischen Kompass vertrauen kann, formuliert denn auch, dass „dumm ist, wer Dummes tut".

In dieser Sichtweise spielt Intelligenz keine wesentliche Rolle, was auch ein Tankwart in San Francisco einmal treffend auf den Punkt brachte. Ich war gerade beim Bezahlen, als ein junger Mann raschen Schrittes auf die Tankstelle zuging und ansatzlos begann, die dort abgestellten Fässer mit heftigen Fußtritten zu attackieren. Auf meine Feststellung (USA, daher politisch korrekt), dass der wohl „mentally challenged" sein müsse, antwortete der völlig gelassene und an solche Erlebnisse gewöhnte Mann: „No, he's plain f*ing stupid."

Was also ist Dummheit und wie kann man sie erkennen, wenn sie sich offensichtlich der Vermessung entzieht? Dummheit, aus der wieder dumme Handlungen resultieren, ruht, darauf können sich wohl die meisten einigen, unerschütterlich auf mehreren äußerst stabilen Säulen.

Die Lernverweigerer

Eine davon und vermutlich die unwesentlichste ist der Mangel an denjenigen Fähigkeiten, die mit einem Intelligenztest abgefragt werden. Eine bedeutsamere Säule ist der Unwille, der bis zur gewollten Unfähigkeit reichen kann, aus Erfahrungen zu lernen, d.h. Wahrnehmungen und Erlebnisse (und die eigene Rolle darin) kritisch zu analysieren, Schlussfolgerungen zu ziehen, diese auf eine Meta-Ebene zu übertragen und analoge künftige Situationen so zu gestalten, dass die bestmögliche Entwicklung mit höherer Wahrscheinlichkeit eintritt. Teilweise beruhen dumme Handlungen auch auf unzureichendem Wissen, aber auch nur dann, wenn man den eigenen Wissensmangel nicht als problematisch erkennt oder dem heutzutage verbreiteten Irrtum aufsitzt, sowieso von allem ausreichend Ahnung und damit ausreichend Beurteilungsgrundlage zu haben, um ohne weiteren Kenntniserwerb Sachverhalte treffend bewerten zu können.

Es erstaunt mich immer wieder, in wie vielen verschiedenen Bereichen sich Menschen solches Wissen und solche Fähigkeiten zuschreiben, Menschen, die für die Reparatur einer Waschmaschine mit größter Selbstverständlichkeit einen Fachmann oder zumindest einen einschlägig kundigen Bekannten rufen würden. Aber kaum fragt man sie zu einem deutlich komplexeren Thema, sprudeln die Gewissheiten nur so heraus und münden in ein Meer von guten Ratschlägen, das sich bei näherer Betrachtung als Sumpf mit unsicherem Boden erweist.

Eine beliebte Spielwiese solcher unwissenden Besserwisserei oder schlimmer noch, ignoranten Ignoranz, ist die Medizin, wo es heute von selbst ernannten Fachleuten wimmelt, vor allem in Spezialfächern, in denen der zu behandelnde Schaden nicht offensichtlich ist. Kaum einer würde bei einem offenen Unterschenkelbruch auf das „bewährte Hausmittel der Tante Anni" oder auf den kürzlich auf Facebook gelesenen Ratschlag zurückgreifen, Zinksalbe aufzulegen, um das Bein mit einem metallischen Schutzmantel zu stabilisieren. Aber wehe, wenn es um andere Krankheiten wie Diabetes, Bluthochdruck oder Migräne geht: Tausende Menschen, die über keinerlei fundierte Vorstellung der ursächlichen Bedingtheiten verfügen (was sie auch nicht müssen, schließlich gehört ein Medizinstudium nicht zur Allgemeinbildung), wissen sofort, was zu tun und was zu meiden ist, und haben keinerlei Hemmungen, ihre teilweise abstrusen Empfehlungen an den Mann oder die Frau zu bringen. Gewürzt mit einer Prise „gesunden Misstrauens" oder auch versalzen mit der leicht paranoid anmutenden Gewissheit, dass sowieso hinter allem „die Pharmaindustrie" steht, dass alle Ärzte korrupte Knechte dieser Branche sind und dass man daher keinem trauen kann, wird von der Konsultation von Fachleuten abgeraten, zumindest solange es nicht ernsthaft um das eigene Leben geht. Von Wissenden eingestandenes Unwissen, das eigentlich auf das Gegenteil von Dummheit verweist (nur diejenigen, die überhaupt über Kenntnisse verfügen, wissen um die Limitierungen des Wissens in vielen Bereichen), wird verkehrt in eine Bestätigung der eigenen Position („na ausnahmsweise einmal einer, der auch zugibt, dass er sich eh nicht auskennt") und untermauert die Relevanz der gänzlich kenntnisbefreiten, „gefühlten" Empfehlungen. Oder, wie Charles Bukowski das formulierte: „The problem with the world is that the intelligent people are full of doubts, while the stupid ones are full of confidence."

Ein aktuell sehr eindrückliches Beispiel für diese Spielart der Dummheit (und viele andere mehr) ist die

Corona-Pandemie, die uns in diesem Buch wegen ihrer beispiellosen Ergiebigkeit zum Thema der Dummheit noch länger begleiten wird.

Jetzt könnte man zumindest einem Teil der ratschlagenden Unwissenden noch zugutehalten, dass sie ja vielleicht gar nicht wissen können, was sie alles nicht wissen, dass sie also nicht als dumm, sondern nur als unwissend (bzw. im weitesten Sinn als „agnostisch“) zu gelten haben. Das bekannteste Zitat des damaligen US-amerikanischen Verteidigungsministers Donald Rumsfeld stammt aus einer Pressekonferenz vom 12. Februar 2002: „[...] There are known knowns; there are things we know we know. We also know there are known unknowns; that is to say we know there are some things we do not know. But there are also unknown unknowns – the ones we don't know we don't know.“ Es bezieht sich auf das sogenannte „Johari-Fenster“, eine 2×2-Matrix, die 1955 von den Psychologen Joseph Luft und Harry Ingham vorgestellt wurde und zur Analyse der Selbst- und Fremdwahrnehmung dienen soll. Darin wird sowohl Wissen als auch Unwissen in bekanntes und unbekanntes unterschieden, sodass vier Gruppen entstehen: Wissen, von dem wir wissen, dass wir es besitzen, Wissen, von dem wir nicht wissen, dass wir es besitzen (weil es uns nicht als „Wissen“ bewusst ist), Unwissen, von dessen Existenz wir wissen, und Unwissen, das wir gar nicht als solches erkennen (weil uns schon das Wissen fehlt, dass überhaupt noch Wissenswertes zu einem Thema existiert).

Es mag ja noch als entschuldbares Problem durchgehen, Unwissen, dessen man sich gar nicht im vollen Umfang bewusst ist, nicht in die eigene Positionierung miteinzubeziehen, allerdings kann es durchaus als ein Symptom von Dummheit bezeichnet werden, zugängliche Information zu relevanten Themen nicht einzuholen und absichtlich im Zustand des Nicht-Wissens zu verbleiben, der dann schon als mutwillige Ignoranz bezeichnet werden muss. Ein beträchtliches Maß an Selbstherrlichkeit ist dann vonnöten, wenn Wissen, von dessen Existenz man weiß, das sich aber nicht „stimmig" in das eigene Weltbild einfügt, als irrelevant abgetan wird und trotzdem mit Inbrunst relevante Empfehlungen ausgesprochen werden.

Auch Professionisten sind vor dieser Art Dummheit nicht gefeit. Es ist allgemein bekannt, dass Prognosen zu praktisch jedem Thema nur so gut sind wie die Beurteilungsgrundlage breit ist bzw. dass treffsichere Einschätzungen immer darauf beruhen, dass sämtliche verfügbaren Vorinformationen und Kenntnisse zusammengetragen und berücksichtigt werden.

Stellen Sie sich eine Wetterprognose vor, die darauf beruht, dass der Meteorologe sämtliche Messergebnisse zum Thema Luftdruck, zu Windgeschwindigkeit und anderen messbaren Parametern ebenso verwirft wie die statistisch errechneten und auf jahrzehntelanger Beobachtung beruhenden Kenntnisse der häufigen und seltenen Entwicklungen. Unser Meteorologe stellt sich also hin und meint, er wolle dem Wetter gegenüber nicht voreingenommen sein und ihm eine faire Chance geben, weshalb er sich nur auf sein Bauchgefühl und die gerade gemessene Temperatur verlassen möchte, woraus er nun ableitet, dass es morgen nicht regnen wird. Spätestens dann, wenn Sie von Ihrem Ausflug gänzlich durchnässt heimkehren, werden Sie den Mann in der freundlichsten Variante als Dummkopf bezeichnen und meinen, dass er als Fachmann nichts taugt.

Genau so werden aber Beurteilungen erstellt, von denen weit mehr abhängt als von kurzfristigen Wetterprognosen: Im Bereich Erwachsenenschutz für Menschen, die aufgrund einer geistigen Beeinträchtigung, einer psychischen Erkrankung oder Demenz möglicherweise nicht mehr in der Lage sind, ganz für sich selbst zu sorgen, werden beispielsweise immer wieder so genannte „Clearing-Berichte", die mithelfen sollen, über die Erforderlichkeit einer Erwachsenenvertretung zu entscheiden, verfasst, bei denen sämtliche Vorbefunde konsequent und bewusst ausgeklammert und ignoriert werden. Die Argumentation dahinter ist natürlich eine ausschließlich wohlmeinende (man will ja unvoreingenommen an die Person und die Sache herangehen, man will jedem eine Chance geben, nicht nach seiner Vorgeschichte, sondern nur nach seinem aktuellen Zustand beurteilt zu werden), ignoriert aber bewusst verfügbares Wissen, stilisiert dessen Ignorieren zur Tugend und macht das bekannte Unwissen zur erstrebenswerten Verfasstheit. In Anbetracht des Faktums, dass fast alle schweren psychischen Erkrankungen sowohl chronisch als auch zyklisch unterschiedlich intensiv verlaufen können und dass das Beurteilungsfenster gerade ein relativ symptomarmes sein kann, werden im Längsschnitt somit bewusst Fehlbeurteilungen in Kauf genommen.

Die Denkfaulen

Ein weiterer und schier unerschöpflicher Quell von Dummheit oder dummen Entscheidungen ist die Trägheit bzw. die Faulheit, wenn es darum geht, die eigene Entscheidungsgrundlage über die Beschaffung von Fakten zu erweitern. Angesichts der Zeit, die Menschen heutzutage im weltweit vernetzten Informationsspeicher verbringen, und angesichts der geradezu euphorischen Hoffnungen, die ursprünglich an den leichten Zugang zu Wissen geknüpft wurden, ist es nachgerade erstaunlich, dass sich das weltweite Netz eher zu einem weltweiten Problem entwickelt hat als zu einer Lösungsmaschinerie für Fehlentscheidungen durch Unwissen, Bildungsdefizite und medial vorselektierte Meinungen. Die Ursachen dafür liegen wohl in der conditio humana, in der Anstrengung vermieden wird und Anstrengungsbereitschaft nicht gerade als Dauerzustand vorhanden ist. Sie liegen in der Kritiklosigkeit, mit der Informationen unabhängig von ihren Quellen als gleichwertig wahrgenommen werden, in der Möglichkeit, eigene Vor-Urteile bei anderen jederzeit bestätigt zu finden, um sich schließlich nur mehr mit Gleichgesinnten auszutauschen, und sie liegen in dem mangelhaften Training des Urteilsvermögens, das scheinbar nicht benötigt wird: Influencer, Instagram-Stars und YouTube-Prediger (Detail am Rande: Der Konsum eines 30-minütigen Videos entspricht in der CO_2-Emission einer Autofahrt von sechs Kilometern) erledigen die Denkarbeit und keiner fragt sich, warum eine Person, die sich bisher ausschließlich über sehr erfolgreiche Selbstinszenierung und Selbstdarstellung im Bereich der Mode profiliert hat, plötzlich zur Expertin für komplexe wissenschaftliche Problemkonstellationen oder komplizierte Rechtsfragen avanciert sein sollte. Man wählt den „stimmigsten", emotional ansprechendsten Meinungscouturier, lässt andernorts denken, das Ergebnis wird frei Haus zugestellt und ist prêt-à-porter, Änderungen nicht erforderlich. Diese Gruppen funktionieren, analog wie Religionsgemeinschaften, nicht über die bestechende Logik der vertretenen Positionen und Welterklärungsmodelle, sondern über den dauernden Kontakt mit den Mitgliedern, die in diesen neuen, kurzlebigen Überzeugungsgemeinschaften denn auch konsequent als „follower“ bezeichnet werden, haben aber gegenüber etablierten Religionen den wesentlichen Nachteil, dass ihnen kein zumindest in sich harmonisches, ausformuliertes, bekanntes und in den Auswirkungen absehbares Narrativ zugrunde liegt, was der impliziten Dummheit die weitere Facette der Unberechenbarkeit und Volatilität hinzufügt.

Die Bereitschaft zur kritiklosen Übernahme vorgegebener Positionen erwächst hierzulande aus kulturtraditionell gut aufbereitetem Boden: Über ein Jahrtausend lang wurde der einzig zulässige Blick auf gesellschaftliche und weltanschauliche Fragen und Themen von Kirche und Staat vorgegeben und es war mit einem hohen Risiko für die eigene soziale Stellung oder gar das Leben verbunden, diese Vorgaben laut zu hinterfragen oder sich explizit dagegen zu positionieren. Nach wie vor wirken in vielen Teilen der Welt Religionen oder Weltanschauungen als „maladaptive Programme“ und behindern die bestmögliche Bewältigung realer Probleme, was James Welles 1986 in seiner kulturgeschichtlichen Analyse mit Beispielen politisch dummer Entscheidungen belegte (James F. Welles, Understanding Stupidity, 1986).

Die Freiheit der eigenen Meinung und der Meinungsäußerung wurde erst im Zuge der Aufklärung teuer erkämpft und sollte den Weg bereiten für einen eigenständigen, selbstverantwortlichen Umgang mit den

Problemen, die sich im Zusammenleben mit anderen und im Umgang mit einer immer komplizierteren und differenzierteren Welt ergaben, in der simple Erklärungsmuster durch komplexe naturwissenschaftliche Erkenntnisse verdrängt wurden. Wie so oft hat sich die daran geknüpfte Hoffnung, damit die Lebensbedingungen für alle zu verbessern, nicht in der erwarteten Form erfüllt. Der Ökonom John Kenneth Galbraith formulierte es so: „Was als hoher Lebensstandard bezeichnet wird, besteht weitgehend aus Maßnahmen zur Schonung der Muskelkraft, zur Steigerung sinnlicher Genüsse und zur Erhöhung der Kalorienaufnahme über jedes vernünftige Ernährungsbedürfnis hinaus." Dies wäre heutzutage wohl zu erweitern um den Konsum von frei wählbaren vorgekauten Meinungen, die eigenes Nachdenken ersparen und in einer derartigen Bandbreite allzeit verfügbar sind, dass jeder die für seine eigene aktuelle Befindlichkeit passende Position als Fertiggericht konsumieren kann und sich in bester Gesellschaft wähnt. Die Rechnung wurde sozusagen ohne den Wirt gemacht, indem die Möglichkeiten nicht mit den Fähigkeiten oder Bereitschaften der Menschen konform gingen. Hans Magnus Enzensberger beschreibt in seinem Nachwort zur Neuausgabe von Charles Mackays „Memoirs of extraordinary popular delusions and the madness of crowds" (1841) die ehrenwerten Bemühungen, den Menschen wissend und damit klüger zu machen, als „historische

Anstrengung, die ebenso vergeblich geblieben ist wie die Suche nach dem Stein der Weisen", der Philosoph Immanuel Kant bezeichnete den Mangel an Urteilskraft als „das, was man Dummheit nennt", und konstatierte, dass „einem solchen Gebrechen gar nicht abzuhelfen" sei, ein Befund, der an Aktualität nichts eingebüßt hat. Das Delegieren des Denkens und Beurteilens von Sachverhalten hat nach wie vor Hochkonjunktur, allerdings nun mit dem wesentlichen Nachteil, dass die „Denkbeauftragten" aus einem sehr breiten und inhomogenen Spektrum rekrutiert werden und gesellschaftliche Konsensbildung bisweilen unmöglich erscheint.

Die Querulanten

Neben der Anstrengungsverweigerung, die die Urteilskraft unterminiert, können natürlich auch andere Ursachen für dumme Entscheidungen vorliegen. Der Psychoanalytiker Otto Fenichel verwies auf die „Pseudodebilität", die durch innere, meist emotionale Denkhemmungen bedingt ist. Jeder Intellekt schwächle, wenn Emotionen ins Spiel kämen und gegen die Ratio arbeiteten. Menschen könnten sozusagen unter der Hand, ad hoc, verblöden, wenn sie etwas nicht verstehen wollen, weil das Verstehen Angst- oder Schuldgefühle auslösen könnte oder ein bestehendes prekäres neurotisches Gleichgewicht gefährden würde. Jede relevante neue Information, die wir erfassen, hat prinzipiell die Macht, bisherige Gewissheiten zu zerstören und scheinbar solide Fundamente unseres Weltbilds zu erschüttern, was einen nicht unbedingt angenehmen oder erstrebenswerten Zustand darstellen muss und wohl nur von Menschen mit ausgeprägtem Respekt vor wissenschaftlichen Ergebnissen und Befunden und mit internalisiertem Objektivitätsgebot ohne inneren Widerstand akzeptiert wird. Alle anderen versuchen zumeist, ihre Basisüberzeugungen zu erhalten, indem gegenläufige Fakten als irrelevant abgetan, schlicht ignoriert oder als Lüge bezeichnet werden.

Das menschliche Gehirn funktioniert dabei ähnlich einer Datenverarbeitungsmaschine mit leicht defektem Programm, die sich selbst stabilisiert, indem sie Änderungen des Programms blockiert, was den eigentlichen Auftrag, nämlich schlussfolgernde Datenverarbeitung, ad absurdum führt. Dabei hilft uns ein fest etablierter Selektionsmechanismus, der den gesamten und in seiner Gesamtheit unüberschaubaren Input nach Relevanz oder Irrelevanz vorselektioniert, „bedeutsame", zumeist emotional ansprechende Informationen herausfiltert und damit das eigene kognitive Programm bestätigt. Im Ergebnis leben wir zwar alle faktisch in derselben Welt, erleben sie aber jeder für sich so unterschiedlich wie Menschen und „basic beliefs" eben sein können. Da Gruppenbildung ein menschliches Grundbedürfnis darstellt, finden sich Personen mit ähnlich gelagerten Überzeugungen zusammen und entwickeln automatisch Standards und Normen für akzeptiertes Verhalten, akzeptable Formulierungen (die dann als ewig wiederkehrende Floskeln zur Abwehr von unliebsamen Argumenten eingesetzt werden) und sogar für das äußere Erscheinungsbild. Wer die Gruppenregeln einhält, wird von anderen bestätigt und geschätzt, was ein andauerndes und systematisches belohnendes Verstärken des Bestehenden um der sozialen Akzeptanz willen bewirkt und die Dummheit zementiert.

Gustave Le Bon, der sich schon 1895 in seinem Werk „Psychologie der Massen“ mit der inneren Dynamik von Massenphänomenen auseinandersetzte, stellte fest, dass der hierarchische oder intrinsische Wert einer Idee belanglos ist für ihre Verbreitung und ihren Erfolg. Was eine Idee schaffen müsse, um erfolgreich zu werden, sei das „Eindringen ins Unbewusste“ und die Transformation zu einem Gefühl. Auch er stellte fest, dass man nicht glauben dürfe, allein die bewiesene Richtigkeit einer Behauptung reiche aus, um auch nur bei den Gebildeten Wirkung zu erzielen, eine noch so klare Beweisführung habe kaum Einfluss auf die Menschen. Ein klügerer Zuhörer, so Le Bon, werde zwar die Evidenz vorgelegter Beweise anerkennen, aber das Unbewusste in ihm werde ihn bald wieder zu seinen ursprünglichen Anschauungen zurückbringen, falls die neue Evidenz nicht mit seinen Grundüberzeugungen kompatibel sei: „Nach Verlauf einiger Tage wird er uns seine alten Argumente mit genau denselben Worten vorbringen." Wie bei allen Wesen, schreibt Le Bon weiter, bei denen das logische Denken nicht ins Spiel komme, sei „die Einbildungskraft der Massen sehr mächtig, sehr wirksam und lebhaft erregbar". Falls es einer Idee, idealerweise also einer entsprechend emotionsgeladenen, die sich für „rechtschaffene Empörung" eignet, gelinge, in die Massenseele vorzudringen, besitze sie eine unwiderstehliche Macht, die ihr auch lange erhalten bleibe. Die Massen seien daher hinsichtlich der Ideen „stets mehrere Generationen hinter der Wissenschaft und der Philosophie zurück". Dumm gelaufen, wenn sich die anstehenden Probleme in dieser Zeit verselbständigen und unumkehrbare Verhältnisse schaffen.

Die Faktenverweigerer

In einer Umfrage wurden Menschen aus der gar nicht so kleinen Gruppe der Corona-Impfgegner, immerhin 13 Prozent aller wahlberechtigten (!) Österreicher, wobei zusätzliche vier Prozent – nach bald zweijähriger Pandemie – noch unsicher sind, ob sie eine Impfung durchführen lassen möchten, interviewt. Die Auswahl war gut getroffen und bildete ein breites Spektrum sogenannter „Argumente" ab. Dass die Befragten im Kommentar etwas euphemistisch als „Verfechter der Menschenrechte", „vorsichtig" oder „Schulmedizin-kritisch" beschrieben wurden, war wohl der Überzeugung geschuldet, den

„Dialog“ in jedem Fall offenhalten zu müssen. Dialogbereitschaft ist zwar prinzipiell zu befürworten und eine gute Sache, allerdings nur, wenn sie auf beiden Seiten vorhanden ist. Alles andere benennt man besser als das, was es ist, nämlich als eine zweckbefreite und absehbar ergebnislose Kombination zweier Monologe, und spart sich Mühe, Ärger und Zeit mit Menschen, die das Recht auf eine eigene Meinung mit dem Recht auf eigene Fakten verwechseln (wie – vermutlich – vom Soziologen und US-Senator Daniel P. Moynihan treffend formuliert) oder zwischen den beiden Begriffen nicht unterscheiden können oder wollen. „Wir müssen Überzeugungsarbeit leisten, ohne zu verurteilen“, ist eine hehre Forderung, die bei manchen Ergebnisse zeitigen mag, bei anderen aber einer Zeit- und Energieverschwendung Vorschub leistet und die Intensität und Dynamik dummer Positionierungen ignoriert, also Fakten ignoriert und daher selbst nicht ganz frei ist vom Geruch der Dummheit.

Die in der Umfrage Zitierten beschreiben allesamt ein Bedürfnis, „sich nicht ausgrenzen zu lassen“ (tun dies aber ohne Zwang selbst, indem sie sich der Solidarität verweigern), beklagen, dass statt auf eigene Meinung auf Angst gesetzt werde (eigene Fakten gefällig?), führen „andere Maßnahmen“ an, die genauso wirksam wären (aktuell, da es sich um eine Pandemie handelt, wohl nur eine Übersiedlung auf eine unbewohnte Insel), beklagen „indirekten Zwang“ und die drohende Spaltung der Gesellschaft, wünschen eine „wertschätzende Diskussion“ (überhaupt ein nichtssagendes Unwort; wohl gemeint eine, die ihre Position bestätigt) oder fühlen sich „vom Virus nicht bedroht“ (hier beginnt man sich zu fragen, was außer ihrer abgehobenen Selbstsicherheit die Befragten subjektiv von beliebigen 40-jährigen, vormals völlig gesunden und sportlichen Intensivpatienten unterscheidet, die die Klinik nicht aufrecht verlassen haben).

Ausgerechnet ein Arzt mit laufendem Patientenkontakt sorgt sich um die „unerforschte Technologie“ und „das, was sich da bei der Impfung in meine Gene einschreibt“ (mRNA-Impfstoffe werden seit 20 Jahren beforscht, hätten gar nicht so schnell neu erfunden werden können und werden, nachdem der Organismus die gewünschten Antikörper gebildet hat, im Körper rasch abgebaut), natürlich wird wieder die mittlerweile fundiert widerlegte Theorie von der induzierten Unfruchtbarkeit hervorgeholt, alle haben sie „null Angst vor der Krankheit“, aber umso mehr vor der Impfung.

Und: Es gehe nur ums Geld, es sei keine Demokratie, sondern eine Diktatur; manchmal wäre es ratsam, die Bedeutung diverser Wörter zu erforschen, bevor man sie verwendet. Wie autoritäre Regime tatsächlich mit unerwünschten Personen und Meinungen umgehen, musste der Entdecker der Covid-Erkrankung, der chinesische Augenarzt Dr. Li Wenliang, der in einer Botschaft an Kollegen am 30.12.2019 vor der neuartigen Erkrankung warnte, am eigenen Leib erfahren: Er wurde von der Polizei wegen der „Verbreitung von Gerüchten" abgemahnt. Li infizierte sich bei der Behandlung seiner Patienten und starb Anfang Februar 2020. In demokratisch organisierten Strukturen gehört das Recht auf Dummheit laut Mark Twain zur Garantie der freien Entfaltung der Persönlichkeit.

Eine will lieber sterben, als sich impfen zu lassen – warum sie bei so viel Gleichgültigkeit gegenüber dem eigenen Leben dann die Impfung, die zumindest indirekt anderen helfen würde, verweigert, erschließt sich auch nicht –, ein anderer bezeichnet die Impfung als „Gentherapie" (er habe dazu ja recherchiert, augenscheinlich im hermetisch geschlossenen Echoraum seiner sozialen Blase) und will sich nichts „reinschießen" lassen, auch nicht aus Solidarität gegenüber anderen unfreiwillig Ungeschützten (obwohl er als Mindestsicherungsempfänger von ebendieser Solidarität anderer lebt und sich zwecks „Bewusstseinserweiterung" ohne solche Vorbehalte schon wesentlich mehr und wesentlich fragwürdigere Substanzen „reingeschossen" hat).

Die Maske sei ein Symbol der Unterdrückung, ein Aspekt totalitär-diktatorischer Gedanken, es sei nicht bewiesen, dass „dieser Lappen im Gesicht" etwas bringe, der symbolisiere nur „Klappe halten". Die Maskenpflicht sei „faschistoid“ und eine „Folter an uns Menschen, die den Menschenrechten klar widerspricht“.

Gemeinsames Merkmal sind die larmoyante Empörung über gelegentliche abwertende Kommentare anderer, die Berufung auf die eigene zwangsläufig bessere Urteilsfähigkeit und das gänzliche Fehlen der Fähigkeit, sich selbst auch gelegentlich infrage zu stellen. Seit Monaten, zumindest seit Impfungen verfügbar sind, werden die Begründungen für die Erfordernis einer möglichst umfassenden Durchimpfung im Wesentlichen von sämtlichen Wissenden, die zum Thema aufgrund jahrelanger einschlägiger Ausbildung und Tätigkeit deutlich mehr sagen können als jene, die sich etwas „eben schnell mal wo angelesen“ oder gehört haben, gebetsmühlenartig vorgebracht, abstruse Gerüchte wurden mit wissenschaftlicher Evidenz widerlegt; die alte Bedeutungsverschmelzung von „dumm“ und „taub“ kommt uns in den Sinn.

Die Ignoranten

Die fundamentale Dummheit besteht allerdings in der Verweigerung eines Lebens in begrenzter, geordneter Freiheit, das als Grundkonzept aller demokratischen Gesellschaftsstrukturen verstanden werden muss. Unbegrenzte Freiheit wäre erstmal Anarchie und dann ziemlich schnell ziemlich viel Unfreiheit für ziemlich viele, all diejenigen nämlich, die nicht über ausreichend physisches Durchsetzungsvermögen verfügen, um den freien Handlungen anderer ihre eigenen Freiheitsvorstellungen entgegenzusetzen. Eine freiheitliche Gesellschaft kann nur dann funktionieren, wenn ihre Werte und Regeln von der Mehrzahl der Mitglieder verinnerlicht, als intrinsisches Gut anerkannt und daher auch hochgehalten werden. Jeder in einer Gesellschaftsorganisation lebende Mensch bezahlt für seine Freiheit mit dem Verzicht auf Teile ebendieser Freiheit; wer an dieser Grunderkenntnis vorbeiargumentiert und -fordert, hat einiges nicht durchdacht, nicht verstanden oder nicht verstehen wollen.

Wenn in den vielen besorgten medialen Kommentaren nun über eine kommende und jedenfalls zu vermeidende „Spaltung des Landes in Impfbefürworter und -gegner" geschrieben wird, wird meist der „Wunsch nach Autonomie", die das einende ideologische Fundament darstelle bzw. die Fahne, hinter der sich alle Impfgegner versammeln, als Grund der Impfverweigerung genannt. Natürlich offenbart die aktuelle pandemische Lage in bisher unbekannter Weise das Spannungsfeld zwischen demokratisch-rechtsstaatlichen Prinzipien und Zwangsmaßnahmen, die „Ich bin autonom und daher generell dagegen"-Haltung erinnert aber weit mehr an die inhaltsleere, aus Prinzip trotzige Verweigerung eines Vierjährigen mit entsprechendem Intelligenzalter. Überdies wird übersehen, dass Autonomie nicht nur Rechte, sondern auch Pflichten mit sich bringt und keine verantwortungsfreie Selbstverständlichkeit ist, die nach Lust und Laune auch auf Kosten anderer gelebt werden kann. Im Wesentlichen ist das hohle Gerede von Autonomie ein Wunsch nach uneingeschränkter Selbstermächtigung, die sich im sozialen Miteinander immer als unverträglich (und unerträglich) erwiesen hat und daher weder Respekt noch Toleranz verdient hat. Und es ist eine Form von Dummheit, die einmal mehr das Schädigungspotenzial dieser geistigen Verfassung offenbart.

Barack Obama formulierte es deutlich in seiner Rede an der Rutgers University am 15.5.2016: „In politics and life, ignorance is not a virtue. It is not cool to not know what you are talking about; that's not keeping it real or telling it like it is, that's not challenging political correctness; it is just not knowing what you are talking about. [...] The negation of facts, the rejection of reason and science, that is the path to decline."

Dabei ist die Corona-Debatte nur die weithin sichtbare Spitze eines (vielleicht des Klimawandel-resistentesten) Eisbergs, der erschreckend breitbasig unter der scheinbar ruhigen Oberfläche treibt. Wahrhaft Informierte berichten von genmanipulierten Mücken, die die unwillige Bevölkerung heimlich impfen sollen, von zwangsweiser Impfstoffapplikation über das Schwimmbadwasser, von einem wahlweise von Bill Gates oder (wieder einmal) von den die Finanzmärkte beherrschenden Juden in die Welt gesetzten Virus (in Zeiten der mittelalterlichen Pestepidemien wurden Juden als Verursacher beschuldigt und verfolgt; diese Wiederholung der Wiederholung kann nicht wirklich hoffnungsfroh machen in Bezug auf Lernfähigkeit und Entwicklung der Menschheit), das eigentlich gar nicht existiere oder harmlos sei, von dunklen Mächten, bösen globalen Eliten, der „Corona-Diktatur" und von einer neuen Weltordnung; Zweck der Aktion sei – natürlich – die angestrebte Weltherrschaft, die über die bei der Impfung erfolgende Genmanipulation erreicht werden könne. Besonders Eingeweihte berichten von Tunneln unter dem Atlantik, die in nur einer Stunde (auch physikalische Gesetzmäßigkeiten können von den machtgeilen Eliten außer Kraft gesetzt werden) den Transfer zwischen Europa und den USA ermöglichen.

Die Verschwörungstheoretiker

Dabei war die Corona-Pandemie ein Booster für ein schon vorhandenes, etwas systematisierteres Verschwörungsnarrativ, das unter der Bezeichnung QAnon seit 2017 durch das weltweite Netz geistert. UNICEF, Prominente, Politiker, kurz wiederum die „Eliten", würden (man ist fast versucht zu fragen, wie es anders sein könnte, Emotionalisierung ist das Gebot der Stunde!) Kinder entführen, deren Blut als Verjüngungskur trinken und sie sexuell ausbeuten bzw. bei Gladiatorenkämpfen zwecks Amüsement gegeneinander antreten lassen. Donald Trump war (natürlich ...) der einzige Aufrechte, der die satanischen Mächte und den „deep state" bekämpfte, und musste daher eliminiert werden.

Bis dato ist nicht klar, wer hinter diesen Mythen und Weltuntergangsprophezeiungen steckt. Ein anonymer Nutzer des Internetportals 4Chan (später 8kun), der sich als Q bezeichnete, erschien 2017 auf der Bildfläche und behauptete, dass er über Informationen der höchsten Geheimhaltungsstufe verfüge. Schon davor hatte „Pizzagate" (geleakte Mails von Hillary Clinton, in denen u.a. die Bestellung von „cheese pizza" angeführt war, wurden als verschlüsselte Kinderpornografie-Botschaften interpretiert) den Boden bereitet für die Saat, die seither beachtliche Erträge abwirft. 2020 wurde bekannt, dass James Watkins als Eigentümer dieser Plattform genau das tat, was auf seiner Website laufend anderen zugeschrieben wurde: Er lukrierte einen Teil seines Einkommens über das Hosten und Verkaufen von Kinderpornografie und Pädophilie. Natürlich alles gefaked ...

Laut einer von der britischen NGO „HOPE not Hate" durchgeführten repräsentativen und im „Independent" veröffentlichten Umfrage (Alex Woodward: Trump and QAnon: One fifth of president's supporters believe conspiracy theory, poll reveals. The Independent, 27. Oktober 2020) outeten sich im Oktober 2020 10 Prozent der befragten US-Amerikaner und über 20 Prozent aller Trump-Anhänger als Unterstützer von QAnon, 82 Prozent von Ersteren erachteten Gewalt als legitimes Mittel, um ihre Überzeugungen zu vertreten, was auf eine erschreckende demokratiegefährdende Gewaltbereitschaft schließen lässt. QAnon-Anhänger waren folgerichtig auch federführend im Sturm auf das Kapitol.

Michael Butter, Amerikanistik-Professor an der Universität Tübingen, der sich seit Jahren mit Verschwörungstheorien beschäftigt, ist nicht der Einzige, der eine Verbindung zwischen Verschwörungsmythen und Rechtspopulismus erkennt: „Beide lösen komplexe politische Themen in einen Gegensatz von Gut und Böse auf. Auf der einen Seite die Verschwörer beziehungsweise die Eliten, auf der anderen Seite die Opfer der Verschwörung oder das einfache Volk“, sagte er im ARD-Magazin Monitor im April 2020.

Schon 1951 formulierte Hannah Arendt in ihrer Analyse der Entwicklung des Nationalsozialismus (Elemente und Ursprünge totaler Herrschaft, auf Deutsch erschienen 1955): „In einer sich ständig wandelnden, unverständlichen Welt hatten die Massen den Punkt erreicht, an dem sie gleichzeitig alles und nichts glaubten, alles für möglich und nichts für wahr hielten. Die Massenpropaganda entdeckte, dass ihr Publikum jederzeit bereit war, das Schlimmste zu glauben, egal wie absurd es auch sein möge, und nicht besonders dagegen war, hintergangen zu werden, weil es sowieso jede Aussage für eine Lüge hielt."

In diesen immer komplexeren und für den Einzelnen immer weniger fassbaren Verhältnissen bietet das märchenhaft anmutende dichotome Weltbild von Gut und Böse Sicherheit und Orientierung, identifizierte Feindbilder, die für den bedauernswerten Zustand der Verhältnisse verantwortlich gemacht werden können, und zusätzlich die Möglichkeit, den eigenen, durch eben diese Verhältnisse etwas angeschlagenen Selbstwert über die Zugehörigkeit zur Gruppe der „Guten" aufzubessern, also eine auf mehreren Ebenen gewinnbringende Situation. Erinnern Sie sich an die weiter oben beschriebene Intelligenz-Definition von David Wechsler, „zweckvoll handeln, vernünftig denken und sich mit seiner Umgebung wirkungsvoll auseinandersetzen"? Aus der Innensicht der Blase sind alle diese Kriterien erfüllt, was schert mich die Außensicht, wenn sie noch dazu die Sicht der Bösen ist?

Eine ähnliche Gruppe fanatischer „Querdenker" ist jene der sogenannten „Staatsverweigerer". In dieser wurden allerlei verschwurbelte Versatzstücke aus diversen dem Sinn nach unverstandenen Dokumenten zusammengefügt zu einem Konstrukt, in dem keiner „einen Vertrag mit dem Staat" hat (den es nach dieser Denkweise im Übrigen gar nicht legitim geben kann und der als „Firma" bezeichnet wird), also auch keinerlei

Verpflichtungen im Sinne von Steuerleistung oder Regeleinhaltung, aber ein unrechtmäßig vorenthaltenes Recht auf einen Millionenbetrag nicht näher definierter Herkunft, der bei der Geburt hinterlegt wurde und seinem rechtmäßigen Inhaber auszufolgen wäre. Auch wenn diese Vorstellung reichlich abstrus erscheinen mag, war sie nicht abstrus genug, um nicht Tausende Menschen in ihrem Gefolge zu versammeln, von denen beileibe nicht alle die Kriterien der Intelligenzminderung erfüllten. Die Organisation, die in unterschiedlichen Staaten unter verschiedenen Begriffen existiert, wurde 2012 in den USA von drei anarchistisch orientierten Juristen gegründet und versprach jedem Gefolgsmann zehn Milliarden Dollar, was ihr offenbar (Intelligenz hin oder her, wo die Gier ins Spiel kommt, hilft bisweilen auch kein hoher IQ) weltweit rasch und reichlich Anhänger verschaffte. In den USA gilt die OPPT-Bewegung („One People's Public Trust") als größte innerstaatliche terroristische Vereinigung, teilweise wird sie als Sekte angesehen.

In seiner 1895 erschienenen Monographie über Wahnkrankheiten (Ueber den Querulantenwahnsinn) befasste sich der Psychiater Eduard Hitzig auch mit dem Druck der öffentlichen Meinung zu Themen, über die in ebendieser Öffentlichkeit nur rudimentäre Kenntnisse, aber umso mehr Überzeugungen vorhanden waren, die umso lauter vorgebracht wurden, je unfundierter sie waren

(„Analphabeten müssen diktieren“, bemerkte dazu einmal der polnische Aphoristiker Stanislaw Jerzy Lec). „Was aber auch die Staatsregierung tun mag, es wird niemals genügen oder zu einer allgemeinen Befriedigung führen oder ähnlichen Agitationen vorbeugen. [...] Alle diejenigen Persönlichkeiten, welche sich durch Fanatismus, durch vorgefasste Meinungen auf politischem, religiösem oder sozialem Gebiet und welche sich endlich durch eigensüchtige Interessen treiben lassen, alle diese wird sie niemals und ebenso wenig befriedigen wie die Verrückten selbst und auch ich verzichte an meinem Teil darauf, denn sie sind nicht zu überzeugen. Solange es leichtgläubige Menschen gibt, wird man fortfahren, sich sinnlos zu erregen. [...] Die Bekämpfung von Behauptungen mit anderen Behauptungen genügt jedenfalls nicht; dabei glaubt die Mehrzahl dem am meisten, der die Empfindungen am stärksten, häufigsten und nachhaltigsten zu erregen vermag, und in dieser Kunst kann die Wissenschaft mit ihren Gegnern nicht konkurrieren.“

In Zeiten von Umbrüchen und bedeutsamem Wandel, in denen eine Mehrzahl an Menschen aus Angst vor Veränderung oder aus Trägheit an maladaptiven Grundüberzeugungen festhält, erlebt die Dummheit zwingend eine Hochkonjunktur. Viele „Rufer in der Wüste“, die Fakten als Fakten sahen, sich von Befindlichkeiten nicht beeinflussen ließen und auf bedrohliche Entwicklungen hinwiesen zu einer Zeit, in der die Entwicklung noch umkehrbar gewesen wäre, scheiterten nicht, weil sie sich irrten, sondern zerschellten an der fest etablierten Idiotie ihres sozialen Umfelds und an diversen „niederen Beweggründen" der anderen Akteure. Wenn die Dummheit ihr Haupt über alle erhebt, wird kritische Analyse erstickt, diffamiert oder als Lüge abgetan (was wiederum das Tor ins weite Land der Verschwörungstheorien breit öffnet: Wer lügt hier? Und warum wohl?). 1929, Monate vor dem fatalen Börsencrash, der die „great american depression" einleitete, warnte ein gewisser Alvin Simonds in einem bei einer Wirtschaftszeitung eingebrachten Artikel vor der absehbaren dramatischen Talfahrt, nur um seinen Artikel zurückzubekommen mit dem Vermerk, dass dieser zu pessimistisch sei, um publiziert zu werden. Die potenten Finanzplayer wollten nichts davon hören aus Angst, gute Kunden zu verlieren und sich andere Kunden zu Feinden zu machen, die Mehrheit weigerte sich aber schlicht, an den drohenden Verlust der so angenehmen Verhältnisse zu glauben.

Wenn man die bisherigen Erfahrungen mit neurotischer Informationsignoranz, Bequemlichkeit, kurzfristig orientiertem Gewinnstreben und der beachtlichen Fähigkeit, konkret greifbare Probleme mit dem Schließen der Augen oder dem Erfinden von Märchen „aus der Welt zu schaffen", betrachtet und aus bisherigem Verhalten auf künftiges extrapoliert, kann einem in Sachen

Klimakrise (und nicht nur dabei) wahrlich angst und bange werden: Die globale Dummheit nimmt anscheinend noch schneller zu als die globale Erwärmung. Leider ist es so, dass vergangenes Verhalten den verlässlichsten Prädiktor künftigen Verhaltens darstellt, und die Menschheit, als ein großer Organismus verstanden, stellt keine Ausnahme von dieser bekannten, statistisch belegten Tatsache dar. Nach Lösungen haben schon Intelligentere, Klügere vergeblich gesucht.

Die gravierendsten Folgen der Dummheit zeigen sich also in komplexen Problemlagen, die nur durch gemeinsame Anstrengung bewältigt werden können und das gesamtgesellschaftliche Gefüge betreffen. Dort führen die beliebige, erratische, „gefühlte" Gewichtung von Fakten oder das Ignorieren derselben und die Unwilligkeit, andere in die eigenen Überlegungen miteinzubeziehen („Ich bin ganz bei mir"), immer wieder zu politischen Entscheidungen, die für viele dramatische Folgen haben können und sich im Längsschnitt als Bumerang erweisen (der dann aber alle trifft). Das heute geläufige Wort „Idiot" stammt im Übrigen aus dem Altgriechischen und bezeichnete dort einen Menschen, der sich dem öffentlichen Leben und den Aufgaben in der Gemeinschaft verweigerte, kein Amt innehatte und sich an politischen Diskussionen nicht beteiligte, sondern eben „ganz bei sich" nur seinen eigenen Hausstand versorgte und sich um den Rest der Welt nicht scherte.

Gefühlsdummheit

Es gibt auch eine Dummheit im Handeln, die sich relativ häufig im zwischenmenschlichen Bereich abspielt und nicht zwingend mit der Entscheidung zur Ignoranz von Fakten in Zusammenhang steht. Schon David Wechsler hatte, als er sich mit der Vermessung der Intelligenz abmühte, erkannt, dass rein faktisches Wissen, verbunden mit logischem Denken, nicht alles sein konnte; manche hatten wenig davon und kamen erstaunlich gut zurecht im Leben, manche, auch die gab es, hatten sehr viel davon und waren weitgehend unbrauchbar, scheiterten im Beruf, scheiterten in Beziehungen und hatten kaum Freunde. Doris Lessing, wie immer Denkverbotsresistent und unbesorgt über mögliche Anfeindungen als Folge ihrer Meinungsäußerung, argumentierte, dass keiner so dumm sein könne wie ein Intellektueller. Dabei handle es sich um eine Art „kluger Dummheit", beruhend auf einem ganzen Kopf voll kalter Logik, aber gänzlich ohne die aus Erfahrung gewonnene Erkenntnis. Georg Christoph Lichtenberg, Physiker, Naturforscher und Aphoristiker, schlug im 18. Jahrhundert in eine ähnliche Kerbe, indem er meinte, die Superklugheit sei eine der verächtlichsten Arten von Unklugheit. Was sowohl Lessing als auch Lichtenberg auffiel, war die unerklärliche Unfähigkeit mancher Menschen, ihre intellektuellen und Wissensressourcen in einer für sie und andere vorteilhaften Weise zu nutzen. Edward Lee Thorndike, ein US-amerikanischer Psychologe, illustrierte das Problem 1920 mit einem Beispiel, wonach der fachlich kompetenteste Mechaniker als Vorarbeiter scheitern werde, wenn es ihm an der Fertigkeit mangle, mit anderen zu kooperieren und sie in Kooperation zu halten. Eine besondere Fußangel dieser Konstellation liegt darin, dass die Betroffenen ihr Scheitern nicht verstehen: Sie wissen alles, sie können alles, folglich sind sie – so denken sie – besser als die anderen oder zumindest gleich gut, und trotzdem kommen sie beruflich nicht weiter, sind unbeliebt und werden zu allem Übel für ihre intelligenten Äußerungen oft auch noch verlacht. René Zazzo, ein französischer Kognitionswissenschaftler und Kinderpsychologe, publizierte Anfang der 1980er-Jahre ein von ihm in einer Pariser Klinik durchgeführtes Experiment. Er hatte 100 Mitarbeitern der Klinik eine Liste mit 120 Namen vorgelegt (inklusive ihrer eigenen) und sie gebeten, die Dummen zu markieren. Über 85 Prozent der Teilnehmer benannten dieselben fünf Namen, darunter einen ausgezeichneten Facharzt mit bestem Ruf, was seine ärztliche Kompetenz betraf. Allerdings war er gänzlich humorlos, ohne jede Sensibilität im Umgang mit anderen, beleidigte und demütigte wahllos und beiläufig Mitarbeiter und Patienten und bemerkte es nicht einmal.

Nachdenken über sich selbst

Ein Mitarbeiter einer größeren Firma wurde, da ein anderer ausgefallen war, kurzfristig in dessen besser dotierte Position überstellt und erledigte die Aufgaben über ein Jahr lang zur vollsten Zufriedenheit mit Engagement und Umsicht. Da nach dieser Zeit klar war, dass die ursprüngliche Besetzung nicht mehr möglich sein würde, wurde die Stelle ausgeschrieben. Der interimistisch dort Tätige hatte Gefallen an seiner Aufgabe gefunden und bewarb sich. Doch der zuständige Chef teilte ihm mit, dass er ihn nicht brauchen könne, da bei ihm eine chronische Krankheit bekannt sei, es könnte zu Krankenständen kommen (was bis dahin äußerst selten der Fall gewesen war), er sei ja nicht als vollwertig anzusehen, sondern nur gerade als Ersatz tauglich. Der Bewerber war konsterniert und kehrte in seinen alten Job zurück. Nachdem sich aber kein passender anderer Bewerber finden ließ, kam der Chef nach einiger Zeit auf ihn zu, bot ihm den Job an und war äußerst erstaunt, als ihm der Mann mitteilte, er ziehe es vor, nicht mehr unter ihm zu arbeiten. Auch in Folge war er kaum je krankheitsbedingt abwesend.

Angekündigt wird, in einem Betrieb mit mehreren tausend Mitarbeitern, ein großes Projekt zwecks Neustrukturierung der Arbeitsabläufe. Die gesamte Datenverarbeitung soll umgestellt werden, es werden unzählige Projektgruppen gebildet, um die Bedürfnisse der einzelnen Abteilungen zu erfassen und berücksichtigen zu können, alle sind engagiert dabei. Es kommt zur Umstellung, danach funktioniert nichts mehr. Alle Arbeitsschritte sind wesentlich aufwändiger, wichtige Informationen können nicht mehr erfasst werden, die Vernetzung der unterschiedlichen Bereiche liegt im Argen, es ist eine deutliche Verschlechterung zum vorigen Zustand. Im Rahmen einer Besprechung mit der Geschäftsführung wird den anwesenden Mitarbeitern, die unter dem neuen System täglich leiden, mitgeteilt, dass keine Änderung in Aussicht genommen werde, die Umstellung sei ein voller Erfolg gewesen. Natürlich seien die Abläufe jetzt komplizierter als zuvor, natürlich habe sich der Aufwand erhöht, aber der einzige Fehler habe darin gelegen, nicht von vornher-

ein mitzuteilen, dass es eben zu einer Verschlechterung aufseiten der Anwender kommen werde. Aus wirtschaftlicher Sicht habe sich die Umstellung gelohnt, mit den täglichen Mühen müssten sie nun irgendwie zurechtkommen.

(Botho Strauss warnt im Übrigen in seiner 2013 erschienenen Sammlung von Aphorismen „Lichter des Toren" vor allem, was sich Projekt nennt: „Der Macher über sein neuestes Projekt: ‚Ich hoffe, dass es auch emotional stimmt.' Was dann emotional so abläuft, ist vom Herzen so weit weg wie der Mouseklick vom Kuss. Das Wort ‚Projekt' dient seit einigen Jahrzehnten als Alibi für unvermochte Form. Wo ein Projekt sich abzeichnet, sollte ein Projektil nicht fern sein, das es erledigt.")

Nach sechzigjähriger Ehe verstarb die Gattin von Herrn K. plötzlich und unerwartet. Herr K., selbst schon hochbetagt, aber noch agil und selbständig, fügte sich mit Trauer, aber auch Pragmatismus in die ungewohnte Situation und beschloss, sich keinesfalls aufzugeben. Er kam mit seinem Leben erstaunlich gut zurecht und hatte regelmäßigen Kontakt mit seinen Kindern. In Vereinen oder in der Pfarre hatte er sich nie engagiert, das war ihm auch nie ein Bedürfnis gewesen. Ein Jahr nach dem Tod der Frau erhielt der Sohn von Herrn K. völlig überraschend einen Anruf aus der regionalen Pfarre, mit der auch er bis dahin nie zu tun gehabt hatte. Eine Frau stellte sich als Pfarrmitarbeiterin vor und gab an, man wolle Herrn K. besuchen. Auf die erstaunte Frage, wie man jetzt so plötzlich auf so eine Idee komme, teilte die Dame mit, dass der Todesfall ja ein Jahr zurückliege und man nun kommen wolle, um Herrn K. bei der „Trauerarbeit" zu unterstützen. Sie wolle sich nur erkundigen, ob das dem Vater recht sei. Auf die etwas erstaunte Frage, warum Herr K. über ein Jahr nach dem Tod der Gattin nun plötzlich jemanden ihm völlig Unbekannten brauchen sollte, um mit diesem höchst private Dinge zu besprechen, kam die Antwort, dass man das immer so mache.

Was in diesen Situationen dummes Verhalten bedingt, ist nicht ein Mangel an logischem, faktenorientiertem Denken, sondern eher ein Mangel an Fähigkeit, die eigenen Wünsche zu hinterfragen, die Wirkung der eigenen Pläne auf sich oder andere zu überdenken, sie zutreffend einzuschätzen und sich entsprechend zu verhalten.

Kennen Sie übrigens die Trias der dümmsten Argumente? Dabei handelt es sich um eine unschlagbare Kombination von Pseudo-Begründungen für jede beliebige Situation, mit denen man verlässlich jede Diskussion beenden kann, weil sie sich eben nicht mit dem Thema befassen, sondern so nichtssagend und allgemein gehalten sind, dass sie einerseits allzeit anwendbar sind und andererseits keine spezifische Replik ermöglichen: 1. „Das war schon immer so." 2. „Woanders geht das auch nicht." 3. „Wenn das jeder täte, wo kämen wir da hin." Gegebenenfalls, aber eher nur im privaten Rahmen, wäre noch ein viertes schlagkräftiges und ebenso nichtssagendes Argument möglich: „Werd' einmal so alt wie ich." Falls es Ihnen nicht peinlich ist, vielleicht für dumm gehalten zu werden: Probieren Sie es, Sie werden erstaunt sein, welch durchschlagenden Erfolg Sie damit bei der Mehrzahl der im Umgang mit staatlichen Institutionen geschulten Mitmenschen für sich verbuchen können.

Eine Möglichkeit, von emotionalen Bedürfnissen zu dummen Entscheidungen zu gelangen, ist dann gegeben, wenn diese Bedürfnisse nicht hinterfragt werden, wenn also der Wille, sich „gut" (ersatzweise: schön, wichtig, besser als etc.) zu fühlen, handlungsbestimmend wird. Das aktuell besonders bedeutsame Postulat der Schönheit hat so schon unzählige Menschen zu medizinischen Eingriffen verleitet, bei denen das solchen Operationen immer inhärente Risiko für vernachlässigbar erachtet wird, weil der erhoffte Gewinn ungleich bedeutsamer erscheint. Die Zahl der „reiferen" Damen, die mit glattem Gesicht und altersentsprechendem, daher weniger glattem Hals Jugendlichkeit vortäuschen wollen, ist Legion, und wenn dafür die Unverwechselbarkeit und die Charakteristika des Individuums hinter der geglätteten Fassade verschwinden, ist das höchstens ein Kollateralschaden, der leicht in Kauf genommen werden kann, solange sich nicht die Spuren eines gelebten Lebens im Gesicht zeigen. Warum es erstrebenswert sein soll, andere über das eigene Alter zu täuschen oder warum das offensichtliche Erreichen eines bestimmten Alters Scham auslösen sollte, ist rational nicht erklärbar. Noch weniger erklärbar ist freilich, warum sich junge Menschen Operationen unterziehen, um danach so auszusehen wie alle anderen, also unabänderlich uniformiert und ihrer physischen Individualität zum Teil beraubt. In Südkorea, so berichtete das Magazin „profil" im November 2013, wurden 2011 ca. 650.000 Schönheitsoperationen durchgeführt, jede fünfte Frau zwischen 19 und 49 hatte sich schon mindestens einmal operieren lassen. Die Zahlen dürften mittlerweile weiter gestiegen sein, so wie auch der Botox-Verbrauch, der sich 2011 auf 120.000 Flaschen belief. Brust-, Po- und Penisvergrößerungen, Fettabsaugungen, Nasen- und Ohrenkorrekturen, Bauchstraffungen und Liftings, all das wurde und wird auch hierzulande zur Matura verschenkt, vermutlich von Eltern, die es nicht fertigbrachten, ihren Kindern Selbstakzeptanz und Selbstbehauptungsfähigkeit zu vermitteln.

Ungleich problematischer wird es freilich, wenn das Bedürfnis nach „Wohlfühlen" dazu führt, dass unliebsame Sachverhalte kollektiv ausgeblendet oder ignoriert werden.

Das postfaktische Zeitalter

Ist Ihnen schon aufgefallen, dass diejenigen Dinge und Sachverhalte, die mit wohlklingenden neuen Begrifflichkeiten benannt werden, ihre eigentliche Bedeutung verlieren? Kennen Sie die „Begegnungszonen“ inmitten von trostlosen Betonansammlungen und haben Sie auch schon festgestellt, dass sich dort niemand, außer vielleicht zwielichtigen Gestalten mit ebenso zwielichtigen (Geschäfts-)Absichten und heimeilenden Bewohnern, begegnet? Aus „alten Personen“ wurden „reifere Personen“, ohne dass gleichzeitig alle an Lebensjahren Reichen auch durch Lebenserfahrung reifer geworden wären. „Bürgernahe“ Argumente dienen der populistischen Verblendung, Arbeitskräfte werden im Rahmen von „Umstrukturierungen“ „freigesetzt“ und nicht mehr entlassen, wir haben keine Probleme, sondern „stehen vor Herausforderungen“ (implizit: wer das nicht schafft, ist zumindest untüchtig), aus Werbung (eine bewusst selektiv gehaltene Mitteilung) wird die „Kundeninformation“, gestiegene Preise werden als „Preisanpassung“ und nicht als Preiserhöhung bezeichnet, Gebäude werden nicht abgerissen, sondern „zurückgebaut“ und wirtschaftlicher Stillstand führt trotzdem „Wachstum“ im Namen, aber eben als „Nullwachstum“.

Die Methodik ist nicht neu, hat aber mit den viel zitierten „alternativen Fakten“ einen neuen Tiefpunkt erreicht und diente schon immer zur Verschleierung allzu unschöner Wahrheiten. Euphemismen sind zumeist behübschte Behältnisse für unangenehme Tatsachen oder gedanklichen Unrat, und jeder, der schon von der „Endlösung der Judenfrage“ gehört hat, müsste eigentlich in der Lage sein, den Mechanismus zu erkennen und sich dagegen zu wappnen. Trotzdem sprechen angesehene und gebildete Menschen vom „postfaktischen (das Wort des Jahres 2016) Zeitalter“ und von „postfaktischer Demokratie“, als ob ein Ausblenden der Realität mit populistischer, meist stramm rechts orientierter Ausrichtung mit dem Begriff der Demokratie auch nur im Ansatz vereinbar wäre.

Begriffe kommen nicht zufällig in die Welt, sondern infiltrieren unser Denken und schaffen erst diejenigen Realitäten, die sie angeblich benennen. Angela Merkel zeichnete einen Teil der Auswirkungen vor, indem sie (in einer Rede am 19.9.2016) meinte: „Es heißt ja neuerdings, wir lebten in postfaktischen Zeiten. Das soll wohl heißen, die Menschen interessieren sich nicht mehr für Fakten, sie folgen allein den Gefühlen.“ Das Problem dabei ist allerdings, dass sich Gefühle als wesentlich modellierbarer erweisen als Fakten und von einschlägig Begabten (u.a. wäre hier der Rattenfänger von Hameln zu nennen) auch immer wieder höchst effizient modelliert werden, meist nicht mit idealem Ausgang im Längsverlauf. Die neuen Begrifflichkeiten schaffen einen Bedeutungsrahmen, in dem die Rationalität verblasst und die schillernden Farben einer emotionsbefeuerten autoritären Politik immer mehr Raum einnehmen. Der unmittelbare Gewinn einer solchen „gefühlten" Positionierung liegt in der Möglichkeit, Komplexität und Widersprüchlichkeit auszublenden, einfache, klare Antworten auf diffizile Fragen zu finden und nicht ertragen zu müssen, dass es solche Antworten immer wieder einmal nicht gibt. Das Ertragen von Ambivalenz und Widersprüchlichkeit zählt zu den wesentlichen Entwicklungsaufgaben im Reifungsprozess, den viele allem Anschein nach nicht durchlaufen haben. Der Preis für diese Form von emotionaler Dummheit ist die „neue Normalität", in der wir mittlerweile angelangt sind, mit untergriffigen, sachfremden politischen Diskussionsbeiträgen, Hysterisierung sachlich zu führender Debatten, Verlust der langfristigen Lösungsorientiertheit und dem Fehlen von Entrüstung dort, wo sie angebracht wäre (der dänische Philosoph Vincent Hendricks stellt dazu fest, es sei nicht neu, dass Politiker lügen, neu sei aber, dass man mit offensichtlichen Lügen Präsident werden könne).

Emotionale Kompetenz

Daneben gibt es auch ein breites Feld an Möglichkeiten, in der Interaktion mit anderen zu versagen. Für die Qualitäten, die in diesem Zusammenhang zum Tragen kommen, hat sich der Begriff der emotionalen Intelligenz eingebürgert, der allerdings nicht unumstritten ist. Der Terminus wurde von zwei amerikanischen Psychologen eingeführt, John D. Mayer von der University of New Hampshire und Peter Salovey von der Yale University, und schloss an Überlegungen an, die schon von David Wechsler angestellt worden waren. Wechsler hatte von sozialer Intelligenz gesprochen, die Idee aber nicht weiterverfolgt. Einem breiten Publikum wurde das Thema durch ein Buch des Psychologen und Wissenschaftsjournalisten Daniel Goleman bekannt, der die emotionale Intelligenz definierte und zu einem Schlag-Wort werden ließ (manchmal im wahrsten Sinn des Wortes: „Dem fehlt einfach die emotionale Intelligenz" gehört zum Abschätzigsten, das man innerhalb der Grenzen der Höflichkeit über einen anderen sagen kann). Das Buch erschien 1995, war 18 Monate lang auf der Bestsellerliste der „New York Times" und wurde in 40 Sprachen übersetzt, insgesamt über 5 Millionen Exemplare wurden verkauft. Die „emotionale Intelligenz" wurde in den allgemeinen Sprachgebrauch integriert, wurde in (nichtssagenden) Pseudo-Testverfahren von Zeitschriften abgefragt und fand entsprechend begeisterte Anhänger, die sich vermutlich weder mit dem Konzept Golemans noch mit der fehlenden einschlägigen Empirie auseinandergesetzt hatten – ein typisches Beispiel für ein gar nicht so seltenes Phänomen: Manche Begriffe kommen in Mode und werden recht gerne und häufig verwendet. Wenn man diejenigen, die sich ganz selbstverständlich ihrer bedienen, nach der genauen Bedeutung fragt, endet die schwungvolle Rede in Gestammel.

Die Kritik an diesem Begriff scheint nicht ganz unberechtigt: Das Konzept der emotionalen Intelligenz, die man vielleicht eher als emotionale Kompetenz bezeichnen sollte, passt nicht so recht zu den mühsam errungenen (und noch immer nicht letztgültig festgelegten) Definitionen der Intelligenz, es ist fraglich, ob dieses Konzept überhaupt eine sinnvolle Ergänzung dazu darstellt oder nicht eher ganz andere menschliche Qualitäten beschreibt, die für sich stehen und mit den Bausteinen der Intelligenz wenig gemein haben. Intelligenz und emotionale Kompetenz korrelieren nur schwach, die wissenschaftliche Erforschung (und die so geliebte Vermessung, Sie erinnern sich) gestaltet sich schwierig. Dass es sich bei der emotionalen Kompetenz um wesentliche Qualitäten handelt, die für das Zusammenleben von Menschen herausragende Bedeutung besitzen, wird wissenschaftlich nicht infrage gestellt, dass ein Mangel daran der Dummheit eng verbunden ist, ist alltägliche Erfahrung.

In früheren Zeiten wären die konstituierenden Bestandteile der emotionalen Kompetenz wohl auch nicht unter wissenschaftlichen Gesichtspunkten, sondern als moralische oder theologische Fragen abgehandelt worden. Thomas von Aquin beispielsweise beschäftigte sich mit der Frage, ob Dummheit (bzw. Torheit, im Original stultitia) das Gegenstück der Weisheit sei und leitete den Begriff von der Stumpfheit ab, einer Gefühllosigkeit des Herzens, Stumpfheit der Sinne und Stumpfheit im Urteil. Diese unterschied er von der Blödheit (fatuitas), die den völligen Mangel an geistiger Aufnahmefähigkeit bezeichnet und wie die Geisteskrankheit einen natürlichen Mangel darstellt. „Dem Blöden fehlt der Sinn für das Urteil; der Tor hat ihn zwar, aber abgestumpft."

Robert Musil stellte fast 60 Jahre vor Goleman fest, dass die ältere Psychologie zwischen Empfindung, Wille, Gefühl und Vorstellungsvermögen oder Intelligenz unterschieden habe und dass es für sie klar gewesen sei, dass Dummheit ein geringer Grad von Intelligenz sei. In seinem schon zu Beginn dieses Buches zitierten Vortrag „Über die Dummheit" schrieb er: „Die heutige Psychologie hat die elementare Unterscheidung der Seelenvermögen aber ihrer Wichtigkeit entkleidet, hat die gegenseitige Abhängigkeit und Durchdringung der verschiedenen Leistungen der Seele erkannt und – hat damit die Antwort auf die Frage, was Dummheit bedeute, psychologisch viel weniger einfach gemacht. Es gibt natürlich eine bedingte Selbständigkeit der Verstandesleistung auch nach heutiger Auffassung, doch sind dabei selbst in den ruhigsten Verhältnissen Aufmerksamkeit, Auffassung, Gedächtnis und anderes, ja beinahe alles, was dem Verstand angehört, wahrscheinlich auch von den Eigenschaften des Gemüts abhängig; [...]. Und diese Schwierigkeit, Verstand und Gefühl im Begriff der Intelligenz auseinanderzuhalten, spiegelt sich natürlich auch im Begriff der Dummheit wider; [...]. Man darf also wohl sagen, Dummheit und Klugheit hängen sowohl vom Verstand als auch vom Gefühl ab, und ob das eine oder das andere mehr, ob zum Beispiel bei der Imbezillität die Schwäche der Intelligenz ‚im Vordergrund steht' oder bei manchem angesehenen moralischen Rigoristen die Lahmheit des Gefühls, das mag den Fachleuten überlassen bleiben [...]. Dieses Wort [‚Dummheit', Anm.] umfasst also im Grunde sehr verschiedene Arten: eine ehrliche und schlichte Dummheit und eine andere, die, ein wenig paradox, sogar ein Zeichen von Intelligenz ist. Die erstere beruht eher auf einem schwachen Verstand, die letztere auf einem Verstand, der bloß im Verhältnis zu irgendetwas zu schwach ist, und diese ist die weitaus gefährlichere."

Goleman konstatierte nun, dass die emotionalen Anteile des Menschen von der Forschung lange zu wenig beachtet worden waren bzw. dass ihnen zu wenig Bedeutung beigemessen worden war, womit er vermutlich recht hatte. Mit dem zunehmenden Fokus auf rational-logisches Handeln (oder zumindest der Forderung, dass Entscheidungen mit Anspruch auf Akzeptanz und Respekt unbedingt rational begründet werden müssen und Gefühle hier keine Rolle spielen dürfen) hat sich zumindest der im Beruflichen übliche Sprachgebrauch zunehmend der emotionalen Vokabeln entledigt. Früher durchaus gebräuchlichen Wörtern wie „Herzensbildung“ und „Anstand“ haftet der Geruch des Altmodischen, Unzeitgemäßen, Entbehrlichen und dezent Peinlichen an, Jobwechsel werden tunlichst mit besseren Karrierechancen oder Verdienstmöglichkeiten begründet (und nicht etwa mit einem besseren Arbeitsklima) und man muss seine „work life balance“ pflegen (und hat nicht etwa weder Lust noch Notwendigkeit, sein Leben hauptsächlich mit Arbeit zu verbringen). Wenn sich dann doch emotionale Bedürfnisse als zu drängend erweisen, gibt es technische Abhilfe: In Japan machen gerade Roboter Furore, die als Freunde fungieren (für Hundefreunde gibt es passende Hunderoboter), mit einer Temperatur von 37 Grad, einem kuscheligen Körper und zwei Anhängseln, die Umarmungen anbieten und soziale Wärme vermitteln sollen. Ein junger Japaner hat 2018 seine Roboterfreundin offiziell geheiratet.

Vielleicht hat nicht nur die Forschung die emotionalen Aspekte von Menschen zu lange als irrelevant abgetan. Vielleicht hat eine überwiegend auf wirtschaftlichen Erfolg ausgerichtete Gesellschaft die Dummheit begangen, sich ihre Subjekte ausschließlich im Sinne und im Interesse ihrer Funktionsansprüche modellieren zu wollen und hat damit Persönlichkeitsentwicklungen begünstigt, die das „Wundmal der Dummheit“ (Horkheimer/

Adorno, Dialektik der Aufklärung, Genese der Dummheit) tragen. Karl Landauer, ein deutscher Psychiater und Psychoanalytiker, untersuchte mehrfach die Auswirkungen der Erziehung auf die Entwicklung von Kindern und kam zum Schluss, dass sowohl die zu rigide als auch die zu wenig zugewandte, Neugier und Entdecken fördernde Erziehung das lustvolle Erobern der Welt verhindern und dass sich dort, wo Kinder die Fühler nach Neuem ausstrecken, mit der Zeit Narben bilden, wenn sie zu oft auf Hemmungen stoßen (Landauer, Intelligenz und Dummheit, Bern 1939). Horkheimer/Adorno schrieben dazu: „Solche Narben bilden Deformationen. Sie können Charaktere machen, hart und tüchtig, sie können dumm machen, im Sinne der Ausfallserscheinung der Blindheit."

Goleman sieht die wesentlichen Voraussetzungen der von ihm so benannten „emotionalen Intelligenz" in Selbstbeherrschung, Eifer und Beharrlichkeit und der Fähigkeit, sich selbst zu motivieren, allesamt Fähigkeiten, die man Kindern vermitteln sollte, um das intellektuelle Potenzial, das ihnen die genetische Lotterie vermittelt hat, besser nutzen zu können.

Dahinter stehe ein drängendes moralisches Gebot. In unserer Zeit (die sich seit Golemans 1995 erschienenem Buch in keiner Weise verbessert hat) sei der Zusammenhang von Gefühl, Charakter und moralischen Instinkten besonders wichtig. So weit, so nachvollziehbar, allerdings mutet der nicht sehr diskrete Geruch von Zweckorientiertheit und Utilitarismus etwas verdächtig an, so, als ob hier alter Wein (bedingungslose Zweck- und Erfolgsorientiertheit) in neue Schläuche (zweckgerichtete Emotionsausrichtung) gegossen worden wäre. (Konsequenterweise hatte Goleman den Karriereerfolg im Blick, als er die Bedeutung der emotionalen Intelligenz betonte, und schrieb auch über Führungsqualitäten und Leitungseffizienz im Arbeitskontext.)

Als eindrucksvolles Beispiel von großer Intelligenz und gleichzeitig großer Dummheit beschrieb er einen Studenten, der seine Chance auf einen Studienplatz an einer Eliteuni durch eine suboptimale Benotung in einem Fach gefährdet sah und den Lehrer niederstach, wobei er die Dummheit in der irrationalen Handlung verortete (und im Schaden, den der Student sich mit dieser seiner Handlung selbst zufügte).

Herr W. lernt seine Frau erst in seinen frühen Dreißigern kennen. Er kommt gerade zurück von einem Arbeitsaufenthalt in Afrika (inkl. dortiger Verlobter), auf Dauer ist das doch nichts für ihn, und beschließt, sich zügig eine Frau zu suchen. Bald wird er fündig, man heiratet, man baut ein Haus, man hat drei gemeinsame Kinder, man wird alt, jeder für sich auf seine Art, aber immer noch gemeinsam. Die Frau wird ein bisschen vergesslich, es ist mühsam mit ihr, sie wiederholt alles mehrfach und widerspricht häufig, außerdem verräumt sie seine Sachen, all die schönen Souvenirs aus der herrlichen Jugendzeit landen im Keller, weil sie nicht mehr abstauben will, dabei ist sie noch unglaublich fit. Herr W. ist zwar im Kopf noch ganz klar, wird aber körperlich immer hinfälliger und rechnet sich aus, dass das nicht funktionieren wird: Er wird bald Hilfe benötigen, sie wird dafür nicht geeignet sein, er wird in ein Altersheim kommen; dann aber bekommt sie das ganze Haus für sich, und das kann nun wirklich nicht sein. Er hat damals seine ganzen Ersparnisse in den Bau investiert, sie hat von ihren Eltern aber nur ein kleines Grundstück zum Bauen bekommen, und jetzt ihr das ganze Haus überlassen ... Nein. Herr W. denkt über eine Lösung nach und beginnt, im Keller des Hauses die Kraft seiner Arme mittels Hanteltraining zu verbessern. Nach einigen Wochen legt er sich abends einen Hammer und mehrere Messer zurecht, wartet, bis sie schläft, und schlägt ihr den Schädel ein. Dann wartet er auf nichts mehr, trinkt ein wenig Alkohol und schläft ein. Die nachfolgende Verhaftung (sie ist tot) findet er heftig, in seinem Alter, was soll er da noch groß anstellen ... Bei der Befragung bestätigt er, dass er zufrieden sei, er habe das erledigt, was er erledigen wollte, jetzt könne er ruhig in ein Altersheim gehen oder seinetwegen auch ins Gefängnis, wenn man darauf bestehe, es sei ihm egal, er sei sowieso schon ziem-

lich krank und werde es nicht mehr lange machen. Jedenfalls bekomme sie das Haus nicht allein, dafür habe er gesorgt. Ob er für seine Frau je etwas empfunden habe? Sie sei in ihrer Jugend hübsch anzusehen gewesen, habe kochen und putzen können, gebärfähig sei sie auch gewesen und gelehrig im Bett, also habe für ihn alles gepasst.

Unabhängig von der umfassenden Egozentrik besticht in diesem Fall auch die Selbstverständlichkeit, mit der Herr W. seine Überlegungen mitteilte, ohne sich auch nur die geringste Mühe zu geben, wenigstens einen Anflug von Bedauern oder Reue zu demonstrieren. Gleichwohl war er in seiner Lage von der Bewertung anderer abhängig und beging somit am laufenden Band „dumme" Handlungen, die nicht nur andere, sondern auch ihn selbst schädigten.

Selbsterkenntnis

In seinem Konzept baute Goleman auf der Definition der „emotionalen Intelligenz" von Salovey und Mayer (1990) auf, die vier bis fünf wesentliche, darin enthaltene Fähigkeiten benannten:

Zum ersten die Fähigkeit, die eigenen Emotionen zu erkennen. Wer nicht in der Lage ist, sein Gefühl vorerst einmal neutral und wertfrei zu erkennen und zu benennen, kann in weiterer Folge nicht darüber nachdenken und kann die in Emotionen enthaltene Botschaft (von uns an uns selbst) nicht entschlüsseln: Da wir in Begrifflichkeiten denken, brauchen wir auch Begrifflichkeiten, um über Sachverhalte oder Emotionen reflektieren zu können. Es ist oft erstaunlich, aber auch aufschlussreich, wie wenig Menschen in der Lage sind, ihr Befinden zu beschreiben und ihren Befindlichkeiten zutreffend Ausdruck zu verleihen; wenn ich Menschen wegen eines gravierenden Delikts begutachte und sie frage, wie sie sich unmittelbar davor gefühlt haben, ist die häufigste Antwort „nicht gut". Die Bitte, dieses „nicht gut" näher zu definieren, führt meist zu Unverständnis, zu einer Beschreibung der Umstände (aber nicht des Gefühls) oder mehreren Wiederholungen von „nicht gut", gelegentlich auch zu der Formulierung „depressiv" (ein mittlerweile im allgemeinen Sprachgebrauch angekommenes Vokabel, das für alle möglichen Zustände, die mit Depression rein gar nichts zu tun haben, verwendet wird, das also dann wieder genauer definiert werden muss), aber nur ganz selten zu einer nachvollziehbaren Präzisierung. Nicht nur die deutsche Sprache kennt unterschiedlichste Wörter für belastende, unangenehme Befindlichkeiten, man kann traurig sein, wütend, gekränkt, verletzt, wehmütig, verzweifelt, hoffnungslos, ohnmächtig, verärgert, jedes dieser definierten Gefühle birgt Informationen darüber, was genau jetzt für mich nicht passt und mein Befinden derart stört, dass irgendeine Handlung angebracht erscheint. Allerdings kann ich die sinnvollste Vorgehensweise nur dann erkennen, wenn ich darüber nachdenken kann, was mir warum jetzt derart in die Quere kommt, dass ein reines Ertragen und Aussitzen unmöglich erscheint. Sämtliche Abwehrstrategien, die ich einsetzen kann, um eine solche Situation wieder in den Bereich des Handhabbaren zu rücken (darunter Entwertung des Auslösers, Relativierung, für Fortgeschrittene auch: Erkenntnis eigener Anteile am unvorteilhaften Zustand), können nur greifen, wenn ich gedanklich den Schritt von „nicht gut" und „es hat nicht gepasst" zu „es kränkt mich, dass er/sie Vereinbarungen meist nicht einhält, weil ihm/ihr meine Prioritäten offenbar unwichtig sind, weil ich ihm/ihr anscheinend unwichtig bin" gehen kann; nur dann ist es möglich, die implizite Information in Handlungsanleitungen zu übersetzen (beispielsweise „mit jemandem, dem ich so unwichtig bin, möchte ich nicht länger mein Leben teilen"), aktiv und damit wieder Handelnder und nicht nur Erduldender zu werden, ein größeres Maß an Freiheit zu erlangen und der Ohnmacht des Ausgeliefertseins zu entkommen. Besonders problematisch ist die Lage dann, wenn die fehlende Fähigkeit, sich selbst wahrzunehmen, eine überdauernde Haltung scheinbarer Unberührtheit begründet, die sich plötzlich und unvorhersehbar in einen emotionalen Vulkanausbruch verkehrt: Viele massive und scheinbar unerklärliche Delikte ganz

„normaler“ Menschen, die ich im Laufe meiner beruflichen Tätigkeit näher kennenlernen konnte, beruhten auf lange ignorierten Emotionen und Ignoranz für ihre Botschaft, also auf mangelnder Achtsamkeit sich selbst gegenüber. Achtsamkeit als Voraussetzung der Selbsterkenntnis (das Sokrates zugeschriebene „Erkenne dich selbst“ findet sich schon im fünften vorchristlichen Jahrhundert als Inschrift an den Säulen des Apollotempels in Delphi) beruht auf einer Aktivierung des Neokortex und hier insbesondere der Sprachzentren, ein weiterer Grund, die gängige Verarmung und Entdifferenzierung des sprachlichen Ausdrucks zu bedauern.

Selbstkontrolle

Die zweite Fähigkeit baut auf der Selbsterkenntnis auf und besteht darin, die Emotionen zu steuern. Jede erkannte Emotion kann durch Beigabe unterschiedlicher Gedanken dramatisiert oder relativiert werden, was den weiteren Verlauf einer Interaktion beeinflusst. Wenn Sie bei einem Amt vorsprechen und geringschätzig behandelt werden, also unmittelbar irritiert bis wütend reagieren, können Sie Ihrem Unmut in mehr oder weniger gesetzten Worten Ausdruck verleihen, wobei die weniger gesetzten Worte, gespeist aus einer selbstgerechten inneren Brandrede, wohl meist eine symmetrische Eskalation bewirken werden. Wenn Sie in der Lage sind, der Reaktion Überlegungen voranzustellen („Ich werde mich beim Vorgesetzten dieser Person beschweren" oder aber auch „Vermutlich hat die gerade einen schlechten Tag"), wird Ihre Reaktion weitaus weniger heftig ausfallen, Sie in der Situation freier machen und nicht so lange begleiten, wird also wesentlich weniger „dumme" Handlungen hervorrufen, die man nachher, wenn es bekanntlich immer zu spät ist, bedauert.

Die dritte Komponente der emotionalen Intelligenz, die mit der zweiten eng verwandt ist und von Goleman später auch dieser zugerechnet wurde, besteht darin, die eigenen Emotionen möglichst zielorientiert zu steuern und zu nutzen. Goleman argumentiert hier vor allem mit der Fähigkeit, sich selbst zu motivieren, ausdauernd ein Ziel zu verfolgen und Rückschläge als vorübergehend, aber nicht bestimmend zu erleben, und sieht darin eine übergeordnete Fähigkeit, die sich verstärkend oder hemmend auf alle anderen Fähigkeiten auswirkt. Eine wesentliche Rolle kommt dabei der Impulsbeherrschung zu, die es uns ermöglicht, auf kurzfristig erreichbare kleinere Belohnungen zugunsten langfristiger größerer Gratifikationen zu verzichten. Wie viele „dumme" Kaufentscheidungen („zinsfreie Ratenzahlung möglich") werden getroffen, wie viele Lehrausbildungen und Studien abgebrochen, weil es „jetzt gerade nicht mehr passt" und die Verlockung der raschen Verfügbarkeit oder der vermeintlich größeren Selbstbestimmtheit so unwiderstehlich erscheint, nur um nach wenigen

Jahren festzustellen, dass die Entscheidung damals eine „dumme“ war und langfristig nicht das Erhoffte eintrat.

Das bekannteste Experiment zu diesem Thema lieferte der aus Österreich stammende und damals an der Stanford University tätige Psychologe Walter Mischel 1968 bis 1981. In einem ersten Schritt bot er vierjährigen Kindern ein begehrtes Objekt (Süßigkeiten oder andere Naschereien) an und teilte ihnen mit, dass er nun den Raum verlassen werde. Sie könnten ihn zurückrufen und würden dann ein Stück bekommen, oder aber sie könnten abwarten, bis er von selbst zurückkomme (vorgesehen waren ca. 15 Minuten Wartezeit), und würden dann zwei Stück erhalten. In einem zweiten Schritt untersuchte er seine Probanden 15 Jahre später und stellte fest, dass diejenigen, die abwarten hatten können, auch im späteren Leben mit Stress und Frustration besser umgehen konnten und daher größere Erfolge in der Bewältigung der schulischen und beruflichen Aufgaben erzielten. Kinder, die in ihrer Erziehung dazu angehalten worden waren, ein begründetes „Nein“ zu akzeptieren, waren klar im Vorteil, ein Argument mehr, die Grenzenlosigkeit der antiautoritären, um jeden Preis frustrationsvermeidenden Erziehung infrage zu stellen.

Dieser sogenannte Marshmallow-Test wurde übrigens auch bei Tieren durchgeführt, wobei Affen, Krähen und Papageien besonders vorteilhaft abschnitten. Überraschenderweise schafften es auch Tintenfische nach einer Lernphase ausnehmend gut, auf die kurzfristige Verfügbarkeit von Standardfutter zugunsten der verzögert angebotenen Luxusversion (Garnelen) zu verzichten, wobei die Fähigkeit zu Impulskontrolle und Belohnungsaufschub mit der allgemeinen Lernfähigkeit positiv korrelierte. (Proceedings of the Royal Society B: Cuttlefish exert self-control in a delay of gratification task, 3.3.2021)

Empathie?

Die vierte Fähigkeit bezieht sich auf einen Begriff, der mittlerweile zu einem Schlagwort geworden – fast möchte man sagen: verkommen – ist, nämlich die Empathie. Goleman verstand Empathie als zentral für funktionierende Zusammenarbeit im beruflichen Kontext und als Voraussetzung für Beliebtheit, Wertschätzung und Anerkennung, also auch für die Einnahme von Führungspositionen. Unter dem Begriff selbst versteht man die prinzipielle Möglichkeit, Emotionen und Motive anderer zu erkennen und sie nachzuempfinden. Ersteres wird als kognitive Empathie bezeichnet und ist verwandt mit der „theory of mind“, also der Fähigkeit, Handlungsmotive anderer aus dem Einfühlen in deren innerpsychische Abläufe nachzuvollziehen, Zweiteres als emotionale Empathie.

Kognitive Empathie ist also erst einmal nichts anderes als die Fähigkeit, zu erkennen, was ein anderer (oder eine Gruppe von anderen) in einer bestimmten Situation empfindet. Ob dieses Empfinden jetzt Auswirkungen hat auf mein eigenes Empfinden, indem ich mich beispielsweise auf diese Emotionen einstimme, mich „anstecken" lasse und dieselben Gefühle entwickle, oder aus der Wahrnehmung heraus Hilfsbereitschaft, Mitgefühl und Fürsorge entfalte, steht auf einem ganz anderen Blatt. Logisch weitergedacht bedeutet das, dass jeder erfolgreiche Betrüger und jeder erfolgreiche Manipulator über ein hohes Ausmaß an Empathie verfügen muss, widrigenfalls es ihm nicht gelingen wird, die Menschen, deren Verhalten er zu seinem Gewinn steuern will, auch wirklich dorthin zu lenken, wo er sie braucht. Missbrauch der Empathie für manipulative Zwecke ist nichts Neues, schon Immanuel Kant hat auf das destruktive Potenzial des einfühlenden Erkennens verwiesen und davor gewarnt. Immer wieder finden sich eindrückliche Beispiele dafür, wie sich Einzelne mit einem besonders guten Sensorium für kollektive Gestimmtheiten der in der Masse wirksamsten Emotionen bedienen (erfahrungsgemäß sind dies Neid, Angst, Wünsche, Hoffnungen und Hass) und daraus ein Narrativ konstruieren, in dem sie sich als Heilsbringer, der „weiß, was das Volk will" (die zentrale Aussage aller populistischen Bewegungen), zum einzig vernünftigen Führer der von ihnen Verstandenen erklären. Insofern war Donald Trump, der in der historischen Rückschau vermutlich einmal einer der erstaunlichsten Gewinner einer US-amerikanischen Präsidentenwahl gewesen sein wird, auch einer der empathischsten Kandidaten, da es ihm nur aufgrund dieser Fähigkeit gelang, die Wahl trotz eines eklatanten Mangels an denjenigen Eigenschaften zu gewinnen, die üblicherweise für dieses Amt vorausgesetzt werden: Er erzählte über fast jedes Thema irgendwann bewusst die Unwahrheit, war offenbar nicht belastet durch umfangreiche Kenntnisse über Geografie, Geschichte oder geopolitische Entwicklungen oder durch moralische Einschränkungen und das Streben nach Integrität, war unverblümt rassistisch, sexistisch und gierig und wirkte insgesamt eher bauernschlau als umfassend gebildet. Aber, und das war sein größtes As im Ärmel, er hatte erkannt, dass viele der Wahlberechtigten, im Ergebnis eben um das entscheidende Bisschen mehr als notwendig, genug hatten von den unbefriedigenden Lebensverhältnissen, dem globalen Verlust an Ansehen und dem Verlust der weltwirtschaftlichen Dominanz, dem geplatzten amerikanischen Traum und der eingeborenen Politikerkaste, die sich selbst bediente, alles versprach und nichts hielt und ein elitär-abgehobenes Leben auf Basis einer Art Ämter-Erbpacht führte. Trump tat also etwas (oder seine Wahlkampfstrategen taten es für ihn und er setzte es effizient um), was im Sinne von „zweckvoll handeln, vernünftig denken und sich mit seiner Umgebung wirkungsvoll auseinandersetzen“ als intelligent angesehen werden musste: Er nahm die unkanalisierten Emotionen auf und konstruierte daraus das Bild eines Führers, der all die Mühseligen und Beladenen, Zu-kurz-Gekommenen und Betrogenen verstand und Abhilfe schaffen würde. Dumm und empathiefrei war hier weit eher das Vorgehen der Demokraten, die sich nicht vorstellen konnten, dass ein offensichtlich derart ungeeigneter, rüpelhafter, peinlicher, uninformierter, selbstherrlicher und aufgeblasener Kandidat, ein lächerlicher Clown, der nicht einmal die basalsten Spielregeln der politischen und diplomatischen Kommunikation kannte oder gar beherrschte, ausreichend Stimmen erreichen könnte, um überhaupt zu einer relevanten Gefahr zu werden. Das im Ergebnis hohle Versprechen erwies sich als weit verlockender als vernünftige Argumente, und es ist bezeichnend für die Macht der Unvernunft, dass selbst 2020, nachdem schon vier Jahre Tragikomödie (je nachdem mit wie viel Gelassenheit man die laufenden Tabubrüche, unzähligen falschen „Tatsachenbehauptungen", Anstandsverletzungen und gescheiteren Vorhaben betrachtete) ins Land gezogen waren, immer noch 43 Prozent der Wahlmänner für Trump stimmten.

Das „Geschäft mit Gefühlen", das, wie die Geschichte gezeigt hat, leicht eine feindselige, bedrohliche Atmosphäre erzeugen kann, hat Hochkonjunktur; es reicht, den Unmut zu schüren, Feindseligkeit zu kultivieren und einfache Lösungen vorzugaukeln, auch und vor allem, wenn es sich um die äußerst komplizierten Probleme einer umfassend vernetzten Welt handelt. Langfristige Folgen sind dabei vernachlässigbar. Wie Brecht formulierte: „Hinter der Trommel her trotten die Kälber, das Fell für die Trommel liefern sie selber.“

Emotionale Empathie

Es greift sicher zu kurz und wäre sowohl Hybris als auch Dummheit, ausschließlich Ignoranz und mangelnden Weitblick für die oben beschriebenen Entwicklungen verantwortlich zu machen: Unsere Lebensbedingungen scheinen heute viel weniger abgesichert, die globalen Verhältnisse sind unüberschaubarer, die Bedrohlichkeit kommt aus unterschiedlichen Richtungen, sowohl das Erstarken fanatischer Gruppierungen als auch Klimaveränderungen und allzeit mögliche neue Viren und Krankheiten versprechen nichts Gutes, die Wirkmächtigkeit des Einzelnen ist sehr überschaubar, ebenso wie das Problembewusstsein und die Lösungsorientiertheit der „global player“; die Aufbruchsgewissheit der 1970er-Jahre („alles wird laufend besser“) hat einer

Ernüchterung Platz gemacht, die mit einem gehörigen Kater daherkommt. Es ist nicht dumm, eine wesentliche Veränderung der bestehenden Verhältnisse zu fordern, es ist nur dumm, an schnelle und simple Lösungen zu glauben.

Für wirkliche Lösungen bräuchte es ein Mehr an emotionaler Empathie, also der Fähigkeit, mit anderen mitzuempfinden, Mitgefühl zu entwickeln, in deren Interesse zu handeln und Beziehungen gleichberechtigt zu gestalten, also keinem das anzutun, was man selbst auch nicht erleiden möchte. Anders als die vorgenannten Fähigkeiten ist das Mitgefühl, also die emotionale Empathie, kein zweckgerichteter Wert: Gefühlsverständnis, Gefühlsmodulation und Erfassen fremder Gefühle sind ursprünglich extrinsisch motiviert, also orientiert an den Erwartungen der Umwelt, und können dann intrinsisch begründet sein mit dem Zweck der Verbesserung der eigenen Chancen. Emotionale Intelligenz ist in diesem Verständnis kein Wert an sich, wie denn Goleman auch vor allem Beispiele für die besseren beruflichen Erfolgsaussichten der damit Ausgestatteten anführte.

Die umfassendste Ausprägung der emotionalen Intelligenz existiert hingegen als Wert an sich, unabhängig von der Funktion, in der empfundenen und erlebten Verbundenheit mit allem Lebendigen und der eigenen Bezogenheit darauf. Der Film „My Octopus Teacher" aus dem Jahr 2020, der mit dem Oscar als bester Dokumentarfilm ausgezeichnet wurde und auch sonst einiges an Preisen einfuhr, erzählt die Geschichte des erfolgreichen südafrikanischen Tierfilmers Craig Foster, in dessen Leben sich unerwartet eine schmerzhafte Leere auftut, die nach Veränderung verlangt. Foster beginnt in den Kelp-Wäldern vor Kapstadt zu tauchen und begegnet einem Oktopus-Weibchen, zu dem er eine Beziehung entwickelt, völlig ungerichtet und zweckbefreit, aber schließlich beidseitig getragen. Er erlebt ihre Bedrohungen mit, bangt um sie, bewundert ihre Intelligenz und Resilienz und erfasst die Zerbrechlichkeit des Lebens und die Verbundenheit alles Lebendigen. Diese unerwartete Beziehung eröffnet, gerade weil sie so unerwartet und gänzlich zweckungebunden ist, die Erkenntnis viel weiter gefasster möglicher Bezogenheiten, Bezogenheiten an sich, die eben kein Ziel und keinen Zweck verfolgen; der enge Rahmen der denkmöglichen, üblichen Bezüge wird gesprengt, es entsteht das, was Baruch Spinoza als das größte Gut bezeichnete, nämlich die Erkenntnis der Verbundenheit der Seele mit der gesamten Natur.

Wie weit ist so ein Erleben entfernt von den lebenden Schildkröten, Fischen, Salamandern, die in China (einer prinzipiell nicht durch überbordende emotionale Empathie charakterisierten Kultur) in kleinen Plastikbeuteln als Schlüsselanhänger oder Handyaccessoires verkauft werden, von den fast ausgerotteten Nashörnern, deren abgesägte Hörner pulverisiert als Potenzmittel (sinn-, da wirkungslos) missbraucht werden, aber auch – natürlich in einem weit größeren Maßstab – von Millionen Quadratkilometern zerstörtem Regenwald mit entsprechendem Einfluss auf das Weltklima. So peinlich berührt manche die emotionale Beziehung zwischen einem Mann und einem Oktopus betrachten mögen, so offensichtlich wird bei einem Wechsel des Maßstabs, wie unglaublich destruktiv sich ein Mangel an emotionaler Verbundenheit und emotionaler Intelligenz bzw. emotionale Dummheit manifestieren kann. Stephen Hawking, sicherlich nicht ob seiner Rührseligkeit oder Gefühlsduselei bekannt, konstatierte, dass wir Gefahr liefen, uns aus Gier und Dummheit selbst zu zerstören. Das Einzige, was uns retten könne, wäre Empathie.

Resümee und (keine) Hoffnung

Was lässt sich nun abschließend über die Dummheit sagen?

Carlo Cipolla, ein italienischer Wirtschaftshistoriker mit glänzender wissenschaftlicher Karriere, der an der Universität Berkeley lehrte, verfasste zahllose hoch wissenschaftliche Publikationen in seinem Spezialgebiet. Bekannt wurde er allerdings über ein Büchlein, das er nachts kurz zusammengeschrieben hatte, vermutlich um sich seine Frustration aus der Konfrontation mit angewandter, wirkmächtiger Dummheit von der Seele zu schreiben. In „The Basic Laws of Human Stupidity“

(1988) benannte er fünf fundamentale Prinzipien der Dummheit, die allesamt unserer alltäglichen Erfahrung entnommen sind, aber von Cipolla pointiert auf den Punkt gebracht werden. Zuallererst stellte er fest, dass die Zahl der in Umlauf befindlichen dummen Individuen immer und überall unterschätzt wird (was, wie wir schon festgestellt haben, angesichts der jahrhundertealten Erfahrung mit dieser Tatsache eine Dummheit an sich darstellt). Zweitens konstatierte er, dass die individuelle Dummheits-Wahrscheinlichkeit unabhängig ist von jeder anderen Eigenschaft dieses Individuums, weshalb er von einem identen Anteil Dummer in allen Gesellschaftsschichten ausging und diesen Befund mit Untersuchungen in allen Bildungsklassen (inkl. Nobelpreisträger) begründete. Als dritte, „goldene", Regel definierte er den Dummen als einen Menschen, der einem anderen oder mehreren anderen Schaden zufügt, ohne dabei selbst einen Gewinn zu verbuchen, sondern der eventuell sogar selbst mit einem Schaden bilanziert. Diejenigen, die Verluste anderer in Kauf nehmen, um einen eigenen Vorteil zu erwirtschaften, bezeichnete er als „Banditen", auch keine sonderlich vorteilhafte Beschreibung, aber eben nicht dumm. In dieser Gruppe attestierte er einigen sogar ein höheres Maß an Intelligenz, nämlich denjenigen, die durch ihr Verhalten mehr gewannen, als ihre Opfer verloren. Intelligente Handlungen definierte er als solche, bei denen beide Beteiligten einen Vorteil hatten, stellte aber mit Bedauern fest, dass solche Vorkommnisse im alltäglichen Erleben nicht überwiegend eintraten. Dass Dumme trotz der Abschaffung ererbter Machtpositionen und des schwindenden Einflusses von Religion immer wieder in einflussreiche Positionen gerieten, liegt laut Cipolla an den Spielregeln der Demokratie, die vielen Dummen in der Ausübung des Wahlrechts die fantastische Möglichkeit verschafft, allen anderen zu schaden, ohne selbst dabei irgendetwas zu gewinnen. Dummerweise hat bisher allerdings keiner eine bessere, gerechtere Staatsform erfunden.

Regel Nummer vier lautet denn auch, dass Nicht-Dumme immer das destruktive Potenzial der Dummen unterschätzen und immer wieder vergessen, dass es sich immer und überall als kostspieliger Fehler erwiesen hat, mit Dummen gemeinsame Sache zu machen. Dass sich trotzdem immer wieder Nicht-Dumme finden, die meinen, eine solche Allianz ohne Nachteil eingehen zu können, sieht er in deren Selbstüberschätzung und Selbstgefälligkeit (auch nicht gerade ein Zeichen ausgeprägter Intelligenz, wie mir scheinen will) begründet. Die Überzeugung, mit dem Dummen aufgrund der eigenen intellektuellen Überlegenheit schon unbeschadet zurechtzukommen, habe der Menschheit als Ganzes schon unzählige Verluste eingebracht. In seiner fünften und letzten Regel schlussfolgert Cipolla, dass eine dumme Person die gefährlichste Art Person sei, gefährlicher als der Verbrecher: Gegen Letzteren könne man sich bis zu einem gewissen Grad schützen, da er rational (und daher berechenbar) vorgehe, Dumme hingegen seien völlig erratisch und der von ihnen verursachte Schaden daher weder vorhersehbar noch abwendbar. Ob eine Gesellschaft sich gut oder schlecht entwickle, sei wesentlich abhängig vom Einfluss, den Dumme (die in beiden Varianten ident proportional vertreten sind) auf die Entwicklung nehmen können. Dort, wo sich Staaten nachteilig entwickeln, würden die Intelligenten ihre Intelligenz vor allem dazu nutzen, ihre eigenen Vorteile zu sichern (also die „Banditen"-Karriere einschlagen), und nicht dazu, die Dummen und ihre Dummheit in Schach zu halten. Das habe sich (Cipolla war, wie gesagt, Wirtschaftshistoriker und wusste, worüber er schrieb) historisch immer wieder bestätigt: Die Nicht-Dummen schauen nur mehr auf sich selbst, die Dummen gewinnen immer mehr Einfluss, „and the country goes to hell".

In ein ähnliches Horn stieß der US-amerikanische Psychologe Walter Pitkin, der Dummheit in seinem Buch „A Short Introduction to the History of Human Stupidity" (1932) als das größte soziale Übel bezeichnete. Das resultiere aus drei Faktoren: Als ersten und bedeutsamsten nannte er die Tatsache, dass die Anzahl der Dummen Legion sei. Den zweiten Faktor sah er darin, dass der Großteil der Macht in den Bereichen der

Finanz, der Wirtschaft, der Diplomatie und der Politik in den Händen von mehr oder weniger Dummen liege, und abschließend stellte er fest, dass ausgeprägte Intelligenzleistung oft mit ernsthafter Dummheit vergesellschaftet sei.

Die Befunde gleichen sich also auf fast verblüffende Weise und beschwören die Vision einer unabwendbaren Katastrophe, auf die die Menschheit zusteuert, da gegen die Dummheit kein Kraut gewachsen ist. Eine Gesellschaft ohne Dummheit scheint eine noch größere Utopie als umfassende Gerechtigkeit, grenzenlose Freiheit oder ewiges Leben.

Die bisher bestmögliche Grundlage dafür, katastrophale Auswirkungen der Dummheit hintanzuhalten, lieferte (ausgerechnet, möchte man aus heutiger Sicht fast sagen) die amerikanische Unabhängigkeitserklärung vom 4. Juli 1776: Neben der bekannten Feststellung, dass alle Menschen gleich und gleich an Rechten geschaffen sind und dass das Leben, die Freiheit und das Streben nach Glück zu diesen Rechten zählen, beinhaltet sie auch Anordnungen zur Organisation der menschlichen Gemeinschaft: Zur Sicherung dieser Rechte werden Regierungen eingesetzt, die ihre Macht aus der Zustimmung der Regierten herleiten. Wann immer irgendeine Regierungsform sich als diesen Zielen abträglich erweist, ist es das Recht des Volks, sie zu ändern oder abzuschaffen und eine neue Regierung einzusetzen, [...] wie es ihm zur

Gewährleistung seiner Sicherheit und seines Glücks geboten erscheint.

Wir als Erben der demokratiepolitischen Deklarationen unserer Vorfahren leben in einem System, das also die Dummheit einkalkuliert und zumindest eine Ex-post-Beurteilung im Rhythmus der allgemeinen Wahlen und somit Kurswechsel ermöglicht. Bei aller Knappheit der Wahlergebnisse: Donald Trump wurde nicht nur gewählt, sondern auch abgewählt, es ist also nicht unbedingt dumm, auf Hoffnung nicht verzichten zu wollen.

Schlussbemerkung

Es ist mir bewusst, dass mancher akademisch-psychologisch gebildete Leser vielleicht die Beschreibung der Intelligenz als zu lückenhaft empfinden wird, ohne Erwähnung der Intelligenzfaktoren, des g-Faktors (Generalfaktor) oder der GMA (general mental ability), deren operationalisierte Erfassung vor allem im angelsächsischen Sprachraum die gängigen IQ-Tests abgelöst hat und als verlässlicher Prädiktor beruflichen Erfolgs gilt (je höher der GMA-Wert, desto höher das Vermögen in der Gruppe der Milliardäre und desto höher das Einkommen in der Gruppe der Top 500 CEOs). Ein solcher Vorhalt mag in der Sache richtig sein, im Ergebnis ist er unbedeutend, da die Dummheit, die ich meine, eben nicht unter dem Aspekt der GMA oder des IQ beurteilt werden kann bzw., um es an einem konkreten Beispiel zu illustrieren: Nicht wenige dieser GMA-begabten Milliardäre waren und sind Anhänger und Förderer von Donald Trump.

Ebenso wenig habe ich mich mit den positiven Aspekten der Dummheit befasst, wie dies Erasmus von Rotterdam in seinem wohl berühmtesten Werk, dem „Lob der Torheit“, so ausführlich vorexerziert hat, die nur bei sehr rigider und ernsthafter Betrachtung unter der Überschrift der „Dummheit“ versammelt werden müssen, nämlich Leidenschaft, Antrieb, Lebenskraft und Ausgelassenheit. Wenn all dies dumm wäre, wer möchte dann nicht auch gerne dumm sein?

Literatur

Arendt, Hannah: Elemente und Ursprünge totaler Herrschaft, Deutsche Erstausgabe Europäische Verlagsanstalt 1955

Cipolla, Carlo M.: The Basic Laws of Human Stupidity, WH Allen 2019

Goleman, Daniel: Emotionale Intelligenz, Carl Hanser Verlag 1995

Gruen, Arno: Der Verlust des Mitgefühls – Über die Politik der Gleichgültigkeit, Deutscher Taschenbuch Verlag 1997

Hitzig, Eduard: Ueber den Querulantenwahnsinn: seine nosologische Stellung und seine forensische Bedeutung, Verlag von F.C.W. Vogel 1895

Horkheimer, Max/Adorno, Theodor W.: Genese der Dummheit, in: Dialektik der Aufklärung, Fischer Taschenbuch 1988

Kahnemann, Daniel/Damasio, Antonio u.a.: Die Psychologie der Dummheit, riva Verlag 2020

Kahnemann, Daniel/Sibony, Oliver/Sunstein, Cass R.: Noise: A Flaw in Human Judgement, Little, Brown Spark 2021

Kowalski, Emil: Dummheit – Eine Erfolgsgeschichte, J.B. Metzler 2017

Le Bon, Gustave: Psychologie der Massen, Anaconda Verlag 2011

Mackay, Christopher: Zeichen und Wunder. Aus den Annalen des Wahns, mit einem Nachwort von Hans Magnus Enzensberger, Eichborn 1992

Musil, Robert: Über die Dummheit, Reclam 2014

Rotterdam, Erasmus von: Lob der Torheit, ModerneZeiten 2019

Pitkin, Walter: A Short Introduction to the History of Human Stupidity, Simon and Schuster 1932

Specht, Harald: Geschichte(n) der Dummheit – Die sieben Sünden des menschlichen Schwachsinns, Engelsdorfer Verlag 2010

Strauss, Botho: Lichter des Toren – Der Idiot und seine Zeit, Diederichs Verlag 2013

Treeck, Werner van: Dummheit – Eine unendliche Geschichte, Reclam 2015

Welles, James F.: Understanding Stupidity, Mount Pleasant Press 1986

Foto © Philipp Horak

Heidi Kastner

ist Fachärztin für Psychiatrie und Neurologie. Seit 1997 Gerichtspsychiaterin; Aufbau und Leitung dreier forensischer Nachbetreuungsambulanzen; seit 2005 Chefärztin der forensischen Abteilung der Landesnervenklinik Linz; Gerichtsgutachterin für Strafrecht. Mehrere Buchveröffentlichungen bei Kremayr & Scheriau, zuletzt „Tatort Trennung“ (2016).

Petra Ramsauer

Angst

Wenn alles anders ist: Über Angst als kollektive Erfahrung und Druckmittel

„Haben Sie denn nie Angst?“ – Diese Frage wurde Petra Ramsauer bislang am häufigsten in ihrem Leben gestellt. Die Reporterin berichtet seit über zwanzig Jahren aus Krisen- und Kriegsgebieten. Nun recherchiert sie im Land der Angst: Wovor fürchten wir uns zu Recht und zu Unrecht? Warum nehmen Angststörungen gerade in wohlbehüteten Staaten so zu? Wie verändert die Corona-Epidemie die Fieberkurve der Angst?

K&S übermorgen • ISBN: 978-3-218-01238-6 • 18,00 €

übermorgen

Solmaz Khorsand

Pathos

Beherrschung ist etwas für Asketen. Gelassenheit für Reiche. Ironie für Überlebende. Dem Rest bleibt nur das Pathos.

Pathos ist überall. Permanent sind wir bewegt, empört und berührt von der Welt und wollen das mit allen teilen. Pathos bedeutet Macht. Erst wenn die eigene Bewegtheit andere bewegt, kommen die Dinge ins Rollen. Dann kann Pathos Veränderung bedeuten.
Solmaz Khorsand gelingt eine scharfe Analyse darüber, wessen aufgeregtes Geheul Gewicht hat – und wem man rät, bitte nicht so pathetisch zu sein.

K&S übermorgen • ISBN: 978-3-218-01256-0 • 18,00 €

www.kremayr-scheriau.at

ISBN 978-3-218-01288-1
10. Auflage

Linolschnitt, Schutzumschlaggestaltung,
typografische Gestaltung und Satz: Sheila Ehm
Grafische Assistenz: Christian Müller
Reihen-Konzept: Stefanie Jaksch
Druck und Bindung: Finidr, s.r.o., Czech Republic

FSC
www.fsc.org
MIX
Papier aus verantwortungsvollen Quellen
FSC® C014138